RITA TRAINI

DISTURBI SPECIFICI DELL'APPRENDIMENTO

Studio di un *caso* complesso:

ipotesi interpretativa e metodologica

Youcanprint *Self-Publishing*

Titolo | Disturbi specifici dell'apprendimento
Autore | Rita Traini

ISBN | 978-88-92691-44-5

Youcanprint Self-Publishing
Via Roma, 73 - 73039 Tricase (LE) - Italy
www.youcanprint.it
info@youcanprint.it
Facebook: facebook.com/youcanprint.it
Twitter: twitter.com/youcanprintit

A Giosuè

mio nipote che, pur non sapendolo,
ha contribuito a mantenere vivi in me
il desiderio e l'approfondimento
verso la conoscenza

Indice

Presentazione

Il testo affronta il fenomeno complesso dei *disturbi specifici di apprendimento* (DSA); è uno studio e in quanto tale declina: presentazione del *caso* in oggetto, analisi dei dati, approfondimenti tematici, commenti e ipotesi metodologiche dedotte da anni di formazione nell'ambito specifico.

Può apparire strano che in un'epoca di grandi numeri di globalizzazione, di informazioni che viaggiano in formato mega, giga, tera; di sondaggi, statistiche, medie e mediane venga preso come riferimento per l'analisi dei disturbi dell'apprendimento l'evoluzione di un unico *caso*, ma credo che la singolarità che ogni persona esprime rappresenti, in modo unico e irripetibile, la sua modalità di essere al mondo, le sue potenzialità, i suoi bisogni, le sue motivazioni, il suo desiderio di crescere in modo armonico e globale, e ciò può solo destare curiosità intellettuale di conoscenza, pur nella consapevolezza di non costituire affatto un termine di paragone con i grandi numeri. Sebbene anche un singolo *caso* possa confermare affermazioni generali espresse da eminenti studiosi.

In quanto studio il testo non ha pretese formative, ma unicamente espositive; la stesura rispecchia la personale dinamica seguita per la comprensione della complessità dei disturbi che il *caso* presenta dalla classe III primaria alla II classe della secondaria di I grado.

Tale dinamica si fonda sulla personale indipendenza da rigidi schemi metodologici di riferimento; sull'applicazione di un metodo con caratteristiche:

- critico/analitiche;
- logico/funzionali;
- empirico/docimologiche;

adattate alle conoscenze possedute; sull'interpretazione e costruzione di modelli concettuali alternativi, desunti per sintesi integrative, in merito alla riabilitazione dei DSA e alla funzionalità cognitiva e neuropsicologica; sull'altrettanto personale convinzione per la quale nessuna teoria può risultare esaustiva rispetto alla complessa dinamica umana e altresì vantare indiscussa e assoluta validità formale.

L'argomento è di tale vastità che sarebbe impossibile essere esaurienti, esaustivi e puntuali, anche perché nel testo vengono affrontati aspetti differenti che esulano dalle mie competenze specifiche, ma per i quali ho utilizzato modalità interpretative logico-funzionali di approfondimento e di ragionamento, proprie di un approccio pedagogico-clinico.

L'ottica attraverso la quale ho tentato di giungere ad una sintesi, è quella di riconoscere l'indiscussa qualità di teorie forse oggi superate o ritenute obsolete, adattandole al mio ambito di intervento secondo metodologie che, nella pratica clinica attuata, si sono dimostrate efficaci per gli obiettivi raggiunti.

Lo studio riguarda infatti un singolo *caso*, ma l'intervento è stato applicato con positivi riscontri su più soggetti nel corso del mio iter professionale.

Ho cercato di trovare innovazioni metodologiche di affronto della modalità interpretativa del testo cognitivo WISC-III, dei DSA e della loro riabilitazione. Desumendo le prime dall'ambito scientifico della fisica, forse apparentemente non del tutto attinente agli aspetti cognitivi e diagnostico-clinici tradizionali, tuttavia a mio parere utile per valutare, qualificare, quantificare i fenomeni sottostanti all'atto cognitivo nella sua complessità, in continuità con l'approccio piagetiano allo sviluppo intellettivo secondo la sua "epistemologia" della conoscenza. Consapevole che qualsiasi approccio, metodo, teoria propri dell'ambito delle discipline umane, o ad esse applicate, sono in realtà solo in parte in grado di cogliere aspetti così complessi, interrelati e dinamici, in quanto nessuna misura può o potrà mai quantificare sia l'insondabile manifestarsi dell'essere umano nella sua integralità, sia i molteplici fattori esterni che possono ostacolare o favorire le dinamiche del suo sviluppo.

Gli approcci riabilitativi ipotizzati di cui il testo tratta, l'uno adottato e sperimentato (cognitivo-rappresentazionale), l'altro solo ipotizzato (visuo-verbale-semantico) sono desunti dalla formazione personale e professionale dalla quale ho maturato la consapevolezza di quanto, per i soggetti con DSA, sia fondamentale l'essere considerati gli attivi protagonisti della propria crescita globale e non i passivi fruitori di interventi super specialistici e/o di tecniche definite a priori per tempi e durata.

La nuova modalità interpretativa della WISC-III applicata al *caso* mediante l'analisi di categorie ipotizzate relative all'analisi delle funzioni di base e dei processi superiori alle due scale previste dal test verbale e di performance, permette di individuare e qualificare l'andamento specifico delle modalità attraverso le quali, il *caso* in esame, utilizza le proprie risorse cognitive per la costruzione delle risposte ai vari quesiti posti dai subtest.

La modalità interpretativa ipotizzata si basa sul concetto di funzionalità dell'attività cerebrale strutturata dal neuropsicologo Lurja il quale la suddivide in tre blocchi funzionali: il primo per la preselezione degli stimoli; il secondo per la costruzione delle "gnosie" e il terzo per la realizzazione delle funzioni esecutive, sia motorie che di ordine superiore.

Vengono introdotti nuovi concetti quali: categoria funzionale, sinergia funzionale, asinergia funzionale, assorbimento, disprassia funzionale del pensiero induttivo. Analizzate, mediante dinamica delle potenze mentali calcolate alle categorie per ogni singolo subtest, le risorse cognitive del *caso*, nonché l'energia mentale utilizzata per produrre il lavoro cognitivo alle due scale del test. Inoltre, poiché al concetto di energia mentale è legato quello di dissipazione, relativa alla produzione delle risposte errate o del tempo dissipato ai singoli subtest, viene anche essa calcolata per gli specifici subtest che la rappresentano.

Si individuano percorsi di analisi più approfonditi ad alcuni subtest, al fine di stabilire possibili correlazioni tra velocità di produzione verbale e velocità di decodifica alla parole, quando vengono utilizzati i medesimi circuiti funzionali.

Viene ipotizzata una diversa interpretazione, in base alla dinamica delle potenze mentali, del tempo sillaba e della velocità di decodifica.

Suddivisione del testo

Il testo è suddiviso in due parti. La prima analizza i dati del *caso* in esame, il metodo riabilitativo adottato, approfondisce alcuni aspetti specifici della lettura, del calcolo e del ragionamento aritmetico. Propone alcune ipotesi di ricerca come la relazione tra velocità di produzione verbale e velocità di decodifica; la correlazione tra alcuni subtest della WISC-III e la decodifica.

La seconda parte interpreta i dati della WISC-III, del tempo sillaba, della velocità di decodifica in base ai modelli ipotizzati e verifica le ipotesi iniziali supposte.

Sono inoltre presenti, in appendice A, brevi descrizioni sia della WISC-III che degli altri test utilizzati per l'analisi del *caso*. In appendice B sono rappresentati gli aspetti matematici della metodologia adottata nella parte II del volume.

Lo studio effettuato viene intenzionalmente lasciato incompleto rispetto all'analisi dei subtest secondo la diversa interpretazione della WISC-III e di altri aspetti individuali, sia per rimanere coerenti con le ipotesi iniziali dei contenuti prioritari selezionati, sia per la necessità di darsi il tempo utile per approfondire, rivisitare il testo e strutturare una metodologia riabilitativa e abilitativa, puntuale e innovativa. Tale scelta è dedotta anche dalla personale convinzione che gli argomenti affrontati non esauriscono i reali contenuti dell'ipotesi effettuata e quindi per tale compito sarebbe opportuna la collaborazione di più figure professionali.

Al fine di poter approfondire gli aspetti neurobiologici del funzionamento mentale del cervello trascurati nel testo e il contributo ulteriore della fisica allo studio del sistema cognitivo.

Da ultimo ritengo che lasciare aperte le categorie della possibilità e dell'incompiutezza non possa che essere l'espressione più corretta di un lavoro scientifico, che voglia essere autenticamente tale.

Parte I

Studio di un caso
Approfondimenti tematici - Approccio riabilitativo adottato

1. Dinamica dell'incremento della velocità di lettura

L'abilità di lettura nei normolettori procede con un incremento medio di 0,50 sillabe al secondo all'anno per il brano, fino a raggiungere al termine della scuola secondaria di primo grado una velocità di circa le 6 sillabe al secondo. Per le parole si registra un incremento medio di 0,42 sillabe al secondo all'anno passando dalle 1,7 sillabe al secondo della II classe della primaria, alle 4,7 sillabe al secondo alla fine della III classe della secondaria di primo grado; come confermato dai dati normativi dei test più diffusi sul territorio nazionale: prove MT (Cornoldi, Colpo, 2012); test DDE-2 (Sartori, Job, Tressoldi, 2010).

Lo studio di Tressoldi, Stella, Fagella del 2001 evidenzia come i bambini dislessici invece, incrementino la velocità di lettura per il brano, per le parole, per le non parole rispettivamente di 0,30 sillabe al secondo; di 0,28 sillabe al secondo; di 0,14 sillabe al secondo all'anno; attestandosi su valori medi sensibilmente più bassi e mantenendo per tutto l'arco della scolarizzazione di base, una significativa distanza dai normolettori.

Il parametro dell'accuratezza evidenzia un maggior avvicinamento ai valori normativi della popolazione scolastica, indubbiamente facilitato dalla parziale trasparenza della lingua italiana rispetto alle ortografie opache.

Dallo studio di Campanini, Battaferrano, Iozzino del 2006, nel quale viene esaminata l'evoluzione della lettura per le tre modalità e la comprensione del testo in ragazzi dislessici mai trattati, si nota invece, come la distanza tra dislessici e normolettori con il progredire dell'età si riduca per la velocità, tenda ad aumentare rispetto all'accuratezza, peggiori per la comprensione del testo.

Lo stesso studio evidenzia come l'incremento medio per classe del campione costituito da 291 ragazzi dislessici di scolarità compresa tra la II classe della scuola primaria e la III classe della scuola secondaria di primo grado (Dislessia, maggio 2010), risulti di: 0,28 sillabe al secondo per il brano; di 0,23 sillabe al secondo per le liste di parole; di 0,08 sillabe al secondo per le non parole.

La diversità nell'evoluzione della velocità di lettura tra brano e parole da un lato e non parole dall'altro, secondo gli autori della ricerca, potrebbe essere spiegata mediante l'accresciuta competenza nell'utilizzo di strategie alternative da parte del dislessico al fine di compensare le difficoltà di decodifica attribuibili alla maggior comprensione del testo, del contesto semantico e all'arricchimento del lessico; elementi questi che favorirebbero l'accesso lessicale alla parola.

La lettura di non parole invece rimarrebbe deficitaria in quanto la loro decodifica richiederebbe l'accesso fonologico che, senza trattamento specifico, non migliorerebbe.

2. Analisi del Caso

In questo studio longitudinale vengono analizzati i dati relativi alla velocità di lettura, all'accuratezza, alla correttezza ortografica, alla comprensione del testo, all'evoluzione cognitiva ed emotiva del *caso* con DSA complesso in presenza di comorbidità dei disturbi di dislessia, disortografia, discalculia gravi, deficit attentivo e disturbi emotivi vari, dalla III classe della scuola primaria alla II classe della scuola secondaria di primo grado.

Tali dati evidenziano la positiva evoluzione, nel tempo, della velocità di lettura e della competenza per la scrittura, nonché delle componenti cognitive ed emotive, mediante intervento riabilitativo incentrato sul potenziamento delle competenze relative al processamento numerico, al ragionamento aritmetico-geometrico, agli aspetti cognitivi generali e a quelli per le funzioni cognitive.

Funzioni cognitive: attenzione uditiva e visiva; programmazione verbale e visiva; richiamo delle informazioni verbali e visive; interpretazione; concettualizzazione; costruzione della risposta.

1. Prove somministrate: strumenti utilizzati

Strumenti utilizzati:
- prove MT di lettura per velocità e correttezza (Cornoldi, Colpo, gruppo MT, 1995);
- prove MT di comprensione del testo (Cornoldi, Colpo, gruppo MT 1995);
- batteria DDE-2 (liste 4-5 Parole/Non Parole di Sartori, Job, Tressoldi 2010);
- dettato ortografico (Tressoldi – Cornoldi 1991);
- WISC-R;
- WISC-III (successivamente somministrata);
- BVN 5/11 (Bisiacchi, Cenderon, Gugliotta, Tressoldi, Vio);
- CMF (Marotta et al 2008);
- PRCR-2 (Cornoldi);
- valutazione del processamento verbale medio in sillabe secondo;
- AC-MT di calcolo;

- CPM - Coloured Progressive Matrices (Raven, 2008);
- SPM - Standard Progressive Matrices (Raven, 2008).

La valutazione iniziale del *caso* in III classe primaria evidenzia:
- velocità di lettura per il brano 0,74 sillabe al secondo;
- correttezza nella media 8,5 errori;
- velocità di lettura per le parole 0,62 sillabe al secondo;
- correttezza calcolata mediante proporzione di errori pari a 0,12;
- velocità di lettura per le non parole 0,54 sillabe al secondo;
- correttezza calcolata pari a 0,40;
- correttezza ortografica al dettato, numero errori: 31 (oltre −3 ds);
- correttezza al dettato di parole in percentuale di errori pari al 17%;
- correttezza al dettato di non parole pari al 21%;
- comprensione del testo mediante ascolto nella media: numero risposte corrette 8 (nella media).

Risultano, quindi, evidenti le consistenti difficoltà di decodifica sia per la velocità che, per la correttezza, nonché le difficoltà per la correttezza della scrittura.

Alla WISC-R:
- quoziente intellettivo verbale 105;
- quoziente intellettivo di performance 98;
- quoziente intellettivo totale 101.

La prestazione alle CPM raggiunge il 50° centile.

La prestazione al CMF risulta nella media; i valori più bassi, al 26° centile, sono per la fluidità fonemica e per la sintesi fonemica

Il processamento verbale, calcolato in sillabe al secondo, mediante le prove di fluenza fonemica risulta essere di 0,21 sillabe al secondo; per la fluenza categoriale di 0,40 sillabe al secondo; per la denominazione di oggetti di 1,21 sillabe al secondo; per la denominazione di oggetti intrecciati di 0,93 sillabe al secondo; per il processamento verbale numerico di 1,49 sillabe al secondo.

Per la prova relativa alla denominazione di oggetti intrecciati, inoltre, il *caso* commette 10 errori tra omissioni ed inversioni, dovuti al probabile effetto del maggior carico visivo, previsto dalla prova, rispetto a quella per la denominazione di oggetti.

Alla BVN 5-11 risultano nella media:
- la discriminazione uditiva;
- l'analisi fonemica;
- la comprensione sintattica;
- lo span di numeri diretto e inverso;
- il ricordo selettivo immediato;
- il test Corsi sia diretto che inverso;
- la rievocazione libera di parole.

Entro −1 ds:

- la fluenza categoriale;
- la fluenza fonemica.

A −1 ds:

- il ricordo selettivo differito;
- la ripetizione di non parole;
- l'attenzione visiva selettiva.

A −2 ds:

- l'attenzione selettiva uditiva;
- l'apprendimento di coppie di parole;
- la denominazione su presentazione visiva.

Alla BVN 5-11 i deficit più evidenti riguardano l'attenzione uditiva selettiva, l'accesso lessicale, la capacità ad apprendere elementi verbali non collegati da nessi e significati logici.

Per l'accesso lessicale è importante sottolineare che, mentre al subtest di vocabolario alla WISC-R, il punteggio ponderato è di 15, alla BVN è a −2 ds per la denominazione su presentazione visiva; probabilmente in relazione alla scarsa familiarità rispetto alle immagini presentate, alla frequenza dei nomi, alle componenti psicolinguistiche, piuttosto che al riconoscimento visivo e al recupero del nome, come confermato dal processamento verbale alla prova di denominazioni di oggetti alle PRCR-2 che risulta essere nella media.

Alla somministrazione delle CPM la prestazione raggiunge il 50° centile. Tale valore, pur collocandosi nella media, evidenzia i limiti della prestazione per il ragionamento visuo-spaziale e per quello logico-deduttivo di tipo visivo, e per le difficoltà a mentalizzare simultaneamente particolari differenti mediante processi di intuizione visiva, di relazioni spaziali, di deduzioni visuo-logiche, di astrazione e manipolazione visiva di elementi visuo-grafici complessi.

In III classe primaria al test AC-MT di calcolo le prestazioni si collocano per le operazioni scritte a −0,83 ds; per la conoscenza numerica a −0,40 ds; per l'accuratezza a −1,30 ds; per il totale del tempo impiegato a −1,97 ds. Il disturbo del calcolo, nel tempo, si manifesterà essere di grado grave.

I valori alla WISC-R del 2009 nonostante risultino essere nella media necessitano, per la complessità del *caso*, di ulteriori approfondimenti.

- Gamma di dispersione deviazione standard ±2 ds.
- Media punteggi ponderati (PP) scala verbale 10.
- Gamma di dispersione PP 9.
- Media PP scala performance 10,3.
- Media scala totale 10.
- Quoziente intelligenza verbale 105.
- Quoziente intelligenza di performance 98.
- Quoziente intellettivo totale 101.

Tab. 1 – Valori in Punti Ponderati scala verbale, scala performance

Scala verbale		Scala performance	
IN	7	CF	9
SO	11	CR	9
RA	11	SF	15
VC	15	DC	9
CO	10	RO	7
MC	6	LA	13

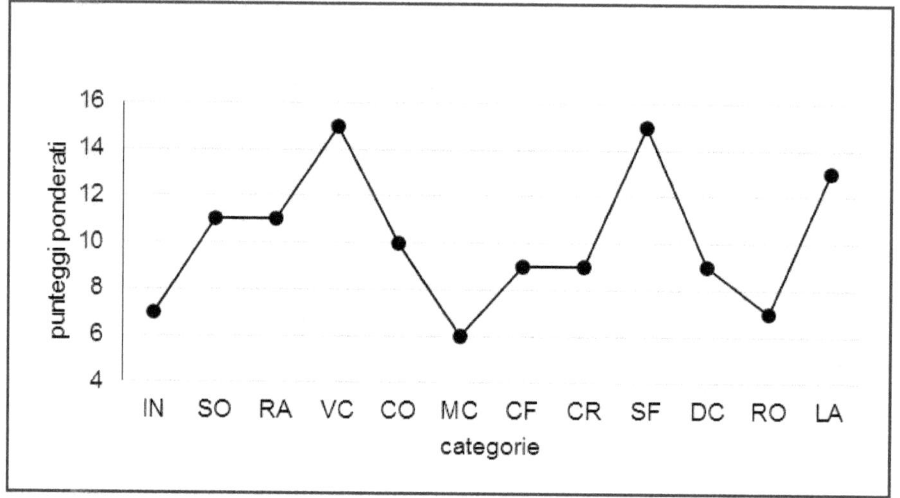

Fig. 1 – Profilo dei Punteggi Ponderati alla WISC-R (2009)

Fig. 2 – Profilo relativo alle medie delle categorie usate per raggruppare i vari subtest alle WISC.R del 2009 (Bennatyne, 1974 - Kaufman, 1979)

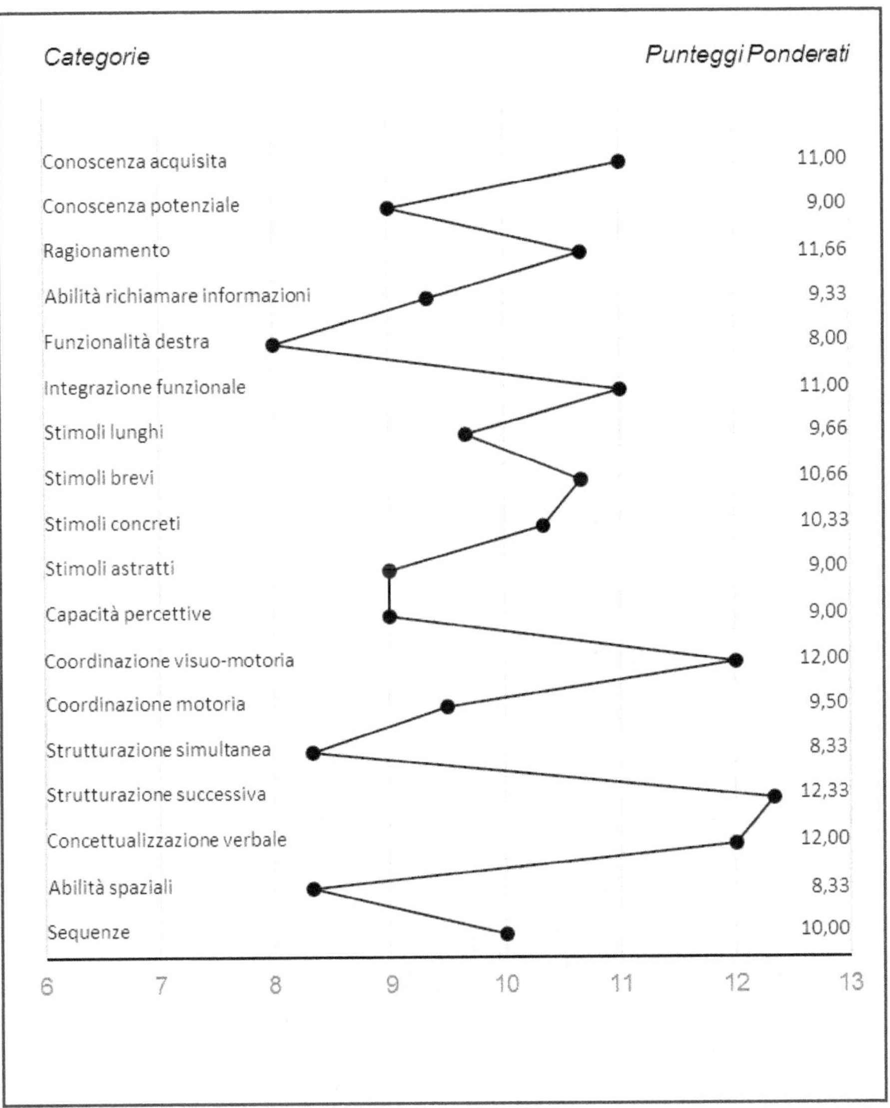

Dall'analisi del protocollo emergono, fra i raggruppamenti di Kaufman, le seguenti relazioni:

- funzionalità destra < integrazione funzionale;
- funzionalità destra < coordinazione visuo-motoria;
- funzionalità destra < organizzazione visiva.

Inoltre tra le relazioni di Bennatyne è presente quella parziale:
* concettualizzazione verbale > abilità spaziali.

L'indice ACID per l'individuazione dei DSA verbali è −1,75.

L'indice SCAD per l'individuazione dei deficit attentivi è −1,3.

Sono inoltre presenti 5/9 fra i segni di Sacuzzo e Lewandoski relativi alla rilevazione del disturbo emotivo:
* IN   <   media scala verbale (presente nel 18% dei casi);
* IN   <   dei subtest della scala verbale (presente nel 49% dei casi);
* SO secondo subtest più alto della scala verbale (nel 51% dei casi);
* CR   <   media scala di performance.

È presente la relazione $(I + A + CR) / 3$ minore PP della scala totale nel 47% dei casi. Il disturbo emotivo è da considerare, per il *caso* in esame, di tipo reattivo alle difficoltà scolastiche incontrate.

I quozienti verbali e di performance risultano nella media.

I valori più bassi alle categorie riguardano:

* funzionalità destra — PP 8;
* abilità spaziali — PP 8,33;
* strutturazione simultanea — PP 9;
* capacità percettiva — PP 9;
* stimoli astratti — PP 9;
* conoscenza potenziale — PP 9;
* abilità a richiamo informazione — PP 9,33.

Si evidenziano per la funzionalità destra e per le abilità spaziali capacità lievemente inferiori, pur rientrando nei valori medi.

La velocità di elaborazione cognitiva viene evidenziata dal totale del tempo impiegato al test AC-MT di calcolo a −1,97 ds.

Il dato, in seguito rivelatosi significativo, è la ridotta abilità ad acquisire tecniche, confermato dal deficit per l'apprendimento di Coppie di parole (BVN-5/11) che si colloca a −2 ds dalla media.

La conoscenza potenziale, nella media per il 2009, si prefigurava comunque come un elemento predittore per quello che poi, nel tempo, si sarebbe effettivamente evidenziato come blocco degli apprendimenti conseguente, probabilmente, alle caratteristiche del disturbo emotivo e in parte collegato ai ripetuti insuccessi scolastici.

2. Trattamento Iniziale e peggioramento delle prestazioni

Dopo un anno di trattamento per il recupero dei deficit di lettura e scrittura incentrato sulle competenze fonologiche, metafonologiche, sublessicali, sulla riflessione metacognitiva, sull'acquisizione di strategie compensative e di autovalutazione, il quadro che emerge è quello di un significativo peggioramento delle prestazioni.

Infatti per le parole la velocità di lettura in sillabe al secondo diminuisce da 0,62 a 0,52 sillabe al secondo, con un mantenimento per l'aspetto qualitativo della correttezza.

Per le non parole la velocità di lettura resta circa la stessa, da 0,54 a 0,55 sillabe al secondo, mentre la correttezza peggiora passando da una proporzione di errori di 0,40 ad una di 0,46.

La velocità di lettura del brano migliora solamente del 10%, registrando un incremento di + 0,08 sillabe al secondo.

Si nota invece un miglioramento dell'ortografia con una riduzione degli errori sia per il dettato ortografico pari al 20%, che per i dettati di parole e non parole pari al 13%.

Questi miglioramenti, indubbiamente significativi, sono probabilmente conseguenza del recupero per l'attenzione uditiva e del trattamento messo in atto.

Inoltre la complessità della situazione emotiva del *caso* comincia a manifestarsi in modo evidente con segnali di profonda demotivazione rispetto alla lettura, rifiuto e passività nei confronti di quanto proposto in terapia, oltre al crescente disagio scolastico registrato sia dai genitori, che dagli insegnanti. Comincia a prefigurarsi il disturbo del calcolo e del ragionamento aritmetico, quindi, il trattamento sulle difficoltà di letto-scrittura viene sospeso per indirizzarlo sul versante della discalculia; permettendo al *caso* un migliore investimento delle proprie risorse motivazionali e cognitive su aspetti legati al calcolo, al processamento numerico, al ragionamento e alle funzioni mentali.

3. Analisi protocollo WISC-III del 2012

1. Somministrazione WISC-III (2012) analisi del protocollo

A distanza di un anno dalla somministrazione della WISC-R, quando il *caso* frequenta la quinta classe della primaria, in seguito al calo motivazionale e delle prestazioni viene somministrata la WISC-III per valutare in modo più approfondito l'evidente blocco degli apprendimenti, la tipologia del disturbo e gli aspetti ad esso collegati.

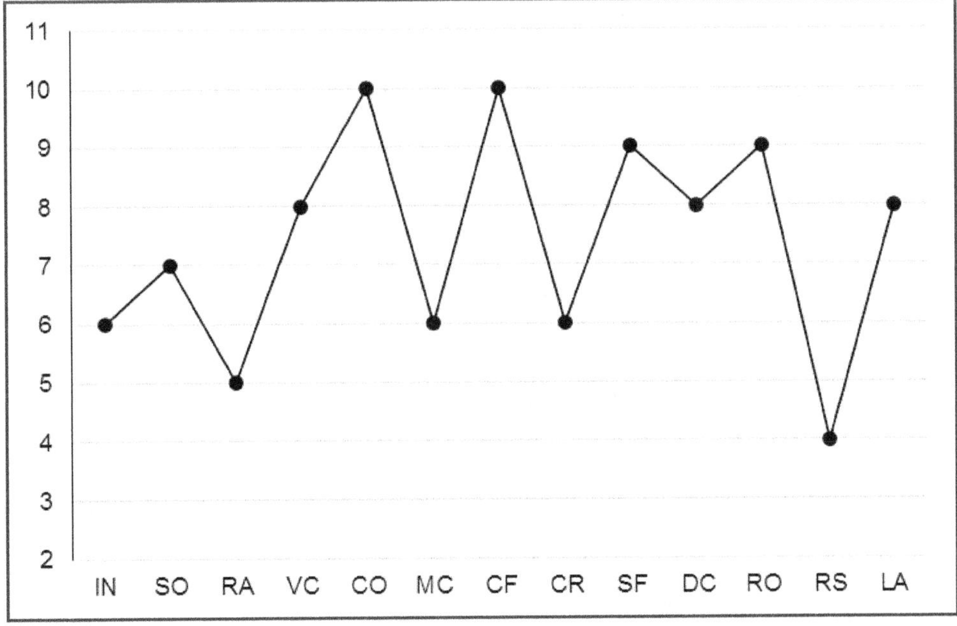

Fig. 1 – Profilo dei punteggi ponderati alla WISC-III, 2012

Tab 1. – Punteggi Ponderati alla scala verbale e alla scala di performance: WISC-III 2012

Scala verbale		Scala performance	
IN	6	CF	10
SO	7	CR	6
RA	5	SF	9
VC	8	DC	8
CO	10	RO	9
MC	6	RS	4
		LA	8

Di seguito una sintesi dei risultati:

- media PP Scala Verbale   7;
- media PP Scala Performance   7,7;
- media Scala Totale   7,35;
- gamma di dispersione ds   −2 ds;
- gamma di dispersione PP   6;
- quoziente intellettivo verbale   80;
- quoziente intellettivo di performance   89;
- quoziente intellettivo totale   82.

Quozienti di deviazione fattoriali:

- concettualizzazione verbale   84;
- organizzazione percettiva   90;
- libertà dalla distraibilità   72;
- velocità di elaborazione   71.

Le differenze tra i quozienti di deviazione fattoriali non rilevano dati significativi.

L'analisi dei PP evidenzia: indice ACID a -1,6; indice SCAD a -2.

Sono presenti i due criteri di Kaufman:

1) RA < media Scala Verbale   (di 2 PP);
2) CR < media Scala di Performance   (di 1,35 .P).

È presente la relazione di Bannatyne completa:

- AS > CV > Sq;
- CV > AS.

Sono presenti 5/9 segni di Sacuzzo e Lewandosky, gli stessi già evidenziati alla WISC-R unitamente a uno fra i segni di Weschsler e Jons, come nel profilo precedente.

Inoltre sono presenti le relazioni:

1. (IN + RA + CR) / 3 < PP media scala totale;
2. IN < SO > RA.

Le cadute relative ai QI sono in parte addebitabili alla maggior complessità della WISC III rispetto alla WISC-R, ma sicuramente corrispondono, anche, al blocco delle funzioni cognitive già evidenziato.

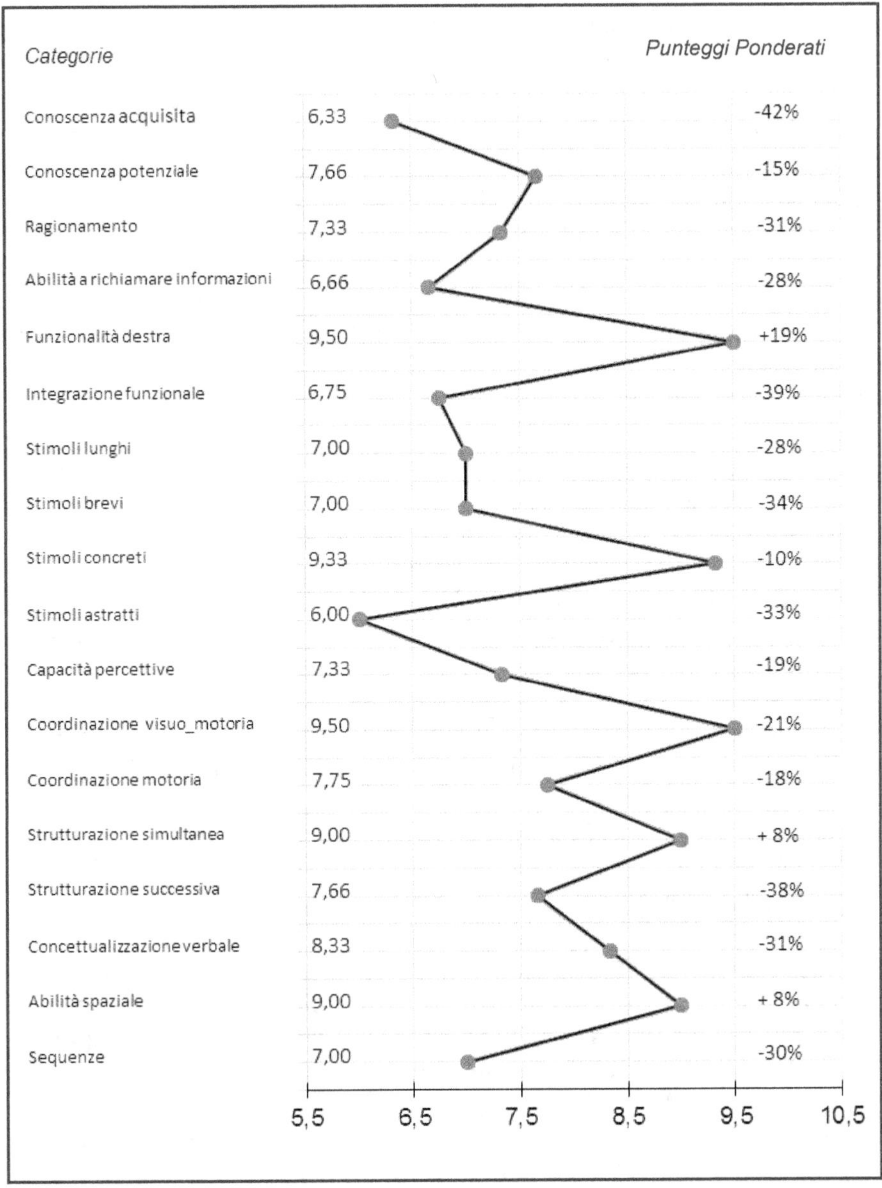

Fig. 2 – Profilo relativo alle medie delle categorie (Bannatyne, 1974; Kaufman, 1979) usate per raggruppare i vari subtest e valori percentuali rispetto alla WISC-R (2009)

29

2. Commento all'analisi del protocollo

I blocchi alle funzioni cognitive e all'apprendimento risultano convalidati dalle rilevanti cadute alla maggior parte delle categorie analizzate.

I valori relativi agli unici dati in crescita sono per la funzionalità destra +19%, per la strutturazione simultanea +8% e per l'abilità spaziale +8%. Probabilmente, tali incrementi, possono essere considerati come la prima conseguenza dell'avvenuto cambio dell'intervento riabilitativo, orientato sul disturbo del calcolo, sul ragionamento aritmetico, sulle funzioni cognitive.

La dispersione dei valori critici rispetto al subtest vocabolario, rappresentata da RA (−3 PP) e da RS (−4 PP), evidenzia le cadute di efficienza per tali subtest che, pur appartenendo a due scale differenti evidenziano i medesimi deficit per la velocità di elaborazione, per la concentrazione, per l'integrazione funzionale e per la capacità decisionale, in quanto entrambe le prove richiedono tali competenze oltre a scelte esecutive.

Tali cadute (a RA e RS), oltre a quella relativa a CR, correlano con ansia da prestazione poiché i soggetti ansiosi presentano bassi punteggi, oltre che per RA, anche per quei subtest che implicano associazioni di simboli ed elaborazione simultanea di simboli e numeri.

L'analisi fondata sull'approccio fattoriale evidenzia per il terzo fattore (LD QI 72), relativo alla concentrazione, consistenti difficoltà a registrare, mantenere e conservare in mente contemporaneamente diversi elementi durante la manipolazione dei dati, a causa delle basse capacità di attenzione, di pianificazione, di competenze sequenziali ed esecutive.

Il quarto fattore (VE QI 71), relativo alla velocità di elaborazione evidenzia difficoltà per l'efficienza della memoria di lavoro, basse capacità a compiere discriminazioni e scelte decisionali appropriate ai compiti richiesti (RS-CR).

Concentrazione e velocità di elaborazione, rappresentando i fattori fondamentali per un adeguato funzionamento cognitivo, costituiscono i presupposti indispensabili per un apprendimento efficace che, nel *caso* in esame, risulta essere fortemente deficitario.

Poiché con l'avvento della WISC-III, alla triade RA-MC-CR (WISC-R) si aggiunge RS, Kaufman (1994) rileva che per la maggioranza dei bambini con disturbo dell'apprendimento i punteggi al terzo e quarto fattore siano bassi. Dato che molti bambini con DSA risultano avere anche difficoltà di linguaggio tali da ostacolare la buona riuscita ai subtest componenti il primo fattore concettualizzazione verbale (CV), quest'ultimo non può essere considerato effettivamente rappresentativo delle capacità intellettive, mentre il miglior dato di stima del potenziale cognitivo sarebbe il secondo fattore organizzazione percettiva (OP), che diviene termine di confronto nel valutare le prestazioni relative al terzo e al quarto fattore.

Nel *caso* in esame il secondo fattore (OP), risulta essere quello meno inficiato dalle difficoltà cognitive, ma avendo OP saturazioni significative ai subtest CF,

SF, DC, RO, LA, corrisponde, ad esclusione di SF e LA, alle tre categorie della WISC-R già analizzate, quali: strutturazione simultanea, abilità spaziale, funzionalità destra, che risultano essere le uniche in crescita alla WISC-III del 2012, rispetto alla WISC-R del 2009.

Quindi non si può escludere, anzi forse è probabile, che il dato positivo al secondo fattore sia la conseguenza delle modificazioni in atto relative al cambio di intervento riabilitativo.

Sinteticamente si può affermare che essendo CF, SF, RO, DC compiti che richiedono abilità appartenenti alle categorie menzionate e poiché implicano la capacità di manipolare oggetti percettivamente, concretamente o simbolicamente presenti mediante intuizione percettiva; coordinazione visuo-motoria; analisi percettivo-visiva; pianificazione; percezione dell'errore; autoregolazione; formazione di immagini mentali; il potenziamento di tali abilità sia il risultato del lavoro sulla manipolazione dei numeri e sul ragionamento numerico che attiva gli stessi processi cognitivi e la loro integrazione funzionale.

Tali relazioni verranno ulteriormente approfondite, poiché convalidate dai dati dei test somministrati, prima delle dimissioni del *caso*.

Quindi ai PP della WISC III del 2012 risultano presenti le caratteristiche relative ai soggetti con deficit attentivo; DSA-verbale; disturbi emotivi vari.
Riguardo a quest'ultimo si verifica come il miglioramento delle funzionalità cognitive abbia costituito un fattore mitigante rispetto alle difficoltà della sfera emozionale, come sostenuto da Plante e Sykora (1994), Cooper (1995) e nel *caso* probabilmente innescate dalla gravità dei disturbi dell'apprendimento presenti in comorbidità.

4. Relazione tra rapidità della produzione verbale e velocità di lettura

Poiché è indubbia la relazione tra linguaggio e lettura è utile approfondire il rapporto tra rapidità della produzione verbale e velocità di lettura, prima di rappresentare l'evoluzione di quest'ultima nel tempo, per verificare le competenze del *caso* a tale compito. Tale necessità deriva dalla supposizione personale che possano esserci correlazioni tra velocità di produzione verbale e velocità di lettura, quando i due compiti condividano i medesimi circuiti funzionali: su base induttiva, o su base deduttiva. Per il processamento verbale-numerico la media è dedotta dalla prestazione al processamento numerico regressivo al test AC-MT di calcolo per la scuola primaria. Per la denominazione di oggetti e oggetti intrecciati il processamento verbale è dedotto dalle relative prove al test PRCR-2. Per il processamento verbale categoriale e fonemico le medie sono dedotte dalle relative prove alla BVN-5/11.

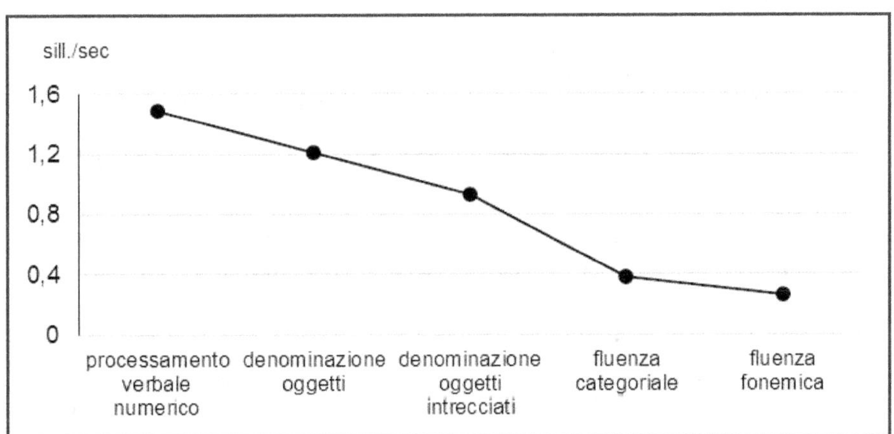

Fig. 1 – Andamento della velocità di produzione verbale media (sillabe al secondo) in IV classe per il caso in esame

Velocità di produzione:

- verbale-numerica media   1,49 sill./sec;
- verbale media per denominazione di oggetti   1,21 sill./sec;
- verbale media per denominazione oggetti intrecciati   0,93 sill./sec;
- verbale media per fluenza categoriale   0,38 sill./sec;
- verbale media per fluenza fonemica   0,26 sill./sec.

Dal grafico e dagli scarti percentuali evidenziati è facilmente intuibile come la produzione verbale-numerica sia per il *caso* la più rapida ed efficace, mentre quella fonemica la più complessa e lenta; è noto infatti che la codifica verbale dei numeri risulti migliore rispetto ad altro materiale verbale.

Tab. 1 – Confronto accesso fonemico con gli altri processamenti

Scarto per l'accesso fonemico (sillabe al secondo) da:			
Processamento verbale-numerico	Denominazione di oggetti	Denominazione di oggetti intrecciati	Accesso categoriale
−1,23	−0,95	−0,67	−0,12
Valore del rapporto dei processamenti rispetto all'accesso fonemico			
Processamento verbale-numerico	Denominazione di oggetti	Denominazione di oggetti intrecciati	Accesso categoriale
5,73	4,65	3,57	1,46
Valore percentuale dello scarto per l'accesso fonemico rispetto a:			
Processamento verbale-numerico	Denominazione di oggetti	Denominazione di oggetti intrecciati	Accesso categoriale
−83%	−79%	−72%	−32%

Tab. 2 – Confronto tra la velocità della produzione verbale fonemica, categoriale, numerica, con la velocità di lettura in sillabe al secondo in classe IV per le tre modalità: brano, parole, non parole

Modalità di lettura sillabe al secondo	0,26 sill./sec Produzione fonemica	0,38 sill./sec Produzione categoriale	1,49 sill./sec Produzione numerica
Brano 0,82	−68%	−54%	+82%
Parole 0,52	−50%	−27%	+187%
Non parole 0,55	−53%	−31%	+171%

Poiché si sostiene che prerequisito indispensabile alla decodifica della lettura sia il processamento fonologico della parola, dai dati risulta evidente come per il *caso* l'accesso fonemico sia non solo ridotto, ma anche il più distante dalle proprie effettive potenzialità.

Il processamento categoriale risulta essere meno distante dalla velocità di lettura rispetto a quello fonemico per le tre modalità, perché probabilmente il pensiero verbale organizzato in base a classificazioni e categorizzazioni determina una produzione più veloce dell'eloquio, in quanto attinge all'aspetto maggiormente strutturato della mente.

Il processamento fonemico, invece, in quanto relativo alla percezione di uno stimolo uditivo isolato innesca una ricerca lessicale meno definita, scarsamente collegata a repertori conosciuti e sovraordinati a livello mentale, per cui reperire informazioni congrue alla richiesta dalla memoria verbale aumenta, inevitabilmente, il numero dei competitori lessicali che risultano essere più numerosi, rispetto al processamento verbale categoriale.

Tale compito risulta essere per il *caso* funzionalmente più complesso ed implica un livello rappresentazionale più elevato, più astratto poiché manipolare fonemi richiede processi di inclusione e di esclusione attivabili mediante processi di ragionamento induttivo.

Per astrarre significati pregnanti è necessario possedere rappresentazioni interne efficienti, in questo caso i fonemi, e dato che tali rappresentazioni si strutturano a partire dalle funzioni percettive di base ben organizzate, è probabile che i dislessici abbiano difficoltà a discriminare, a livello uditivo, i singoli fonemi a causa di interferenze fra suoni simili, difficoltà di attenzione generale, deficit nei processi selettivi-uditivi, e ciò dia origine a un vero e proprio disorientamento fonologico.

Dato che dal confronto tra produzione verbale e velocità di lettura in sillabe al secondo per le tre modalità analizzate, quella relativa alla produzione numerica risulta avere valori percentuali positivi e significativamente più alti rispetto a quella fonemica e categoriale, sembrerebbe quindi essere logicamente il percorso più adeguato per attivare il recupero delle difficoltà di decodifica della lettura.

Infatti il processamento e il ragionamento numerico appartenendo entrambi a principi lessicali e sintattici ben definiti e specifici del linguaggio matematico, implicano concettualizzazione simbolica, rappresentazione mentale, astrazione sintattica, mediante modalità visive che permettono una lettura estremamente sintetica di cifre, simboli, formule, significati lessicali propri, come fossero dei concetti illustrati. Quindi un approccio riabilitativo incentrato sul numero e sulle sue molteplici funzioni potrebbe migliorare i processi sequenziali, l'attenzione uditiva e quella visuo-spaziale, indirizzare efficacemente le risorse cognitive, favorire il mantenimento della concentrazione; tutti aspetti indispensabili sia per una decodifica corretta e veloce, che per la correttezza ortografica.

Poiché concettualizzazione, ragionamento, astrazione condividono con il ragionamento aritmetico correlati neurologici individuabili nei circuiti dei lobi frontali, tali aspetti risultano essere tra loro indubbiamente confrontabili.

L'ultima analisi relativa alla diversa modalità interpretativa della WISC-III del 2014, prima delle dimissioni del *caso* in esame, permetterà la verifica di quanto esposto mediante dati qualitativi, quantitativi e correlazioni neuropsicologiche.

1. Analisi dell'andamento della velocità di lettura in sillabe al secondo e della correttezza; andamento delle competenze ortografiche e di quelle relative alla comprensione del testo per il caso in esame

Poiché il *caso* in esame non è stato trattato secondo protocolli specifici per la dislessia, l'andamento della velocità di lettura per il brano, per le parole, per le non parole, e i corrispettivi criteri di correttezza vengono messi a confronto con quelli dei dislessici non trattati, in riferimento alle ricerche e ai dati di Stella et al. (2001); Campanini, BottaFerrano, Iozzino (2006) per velocità di lettura, correttezza, comprensione del testo.

Inoltre si farà un confronto, relativo all'andamento di un anno di trattamento dalla quinta classe della primaria alla prima classe della scuola secondaria di primo grado per il *caso* in esame, rispetto ai risultati del metodo fonologico-lessicale di Ripamonti per il trattamento dei dislessici (Dislessia 2007).

Tab. 3 – Velocità di lettura per brano, parole e non parole in sillabe al secondo del caso in esame per classe frequentata

Classe	Brano	Parole	Non parole
III	0,74	0,62	0,54
IV	0,82	0,52	0,55
V	1,22	0,72	0,75
VI	1,45	1,25	1,06
VII	0,65	1,47	1,22
VII	1,95	1,68	1,28

Poiché per la velocità in sillabe al secondo relativa al brano in classe VII si sono verificate significative discrepanze (tab. 4), il commento a tali dati verrà affrontato e declinato successivamente.

Quindi i riferimenti presi in considerazione per la velocità di lettura del brano sono quelli dalla classe IV alla classe VI, per le parole e non parole quelli dalla classe IV alla VII.

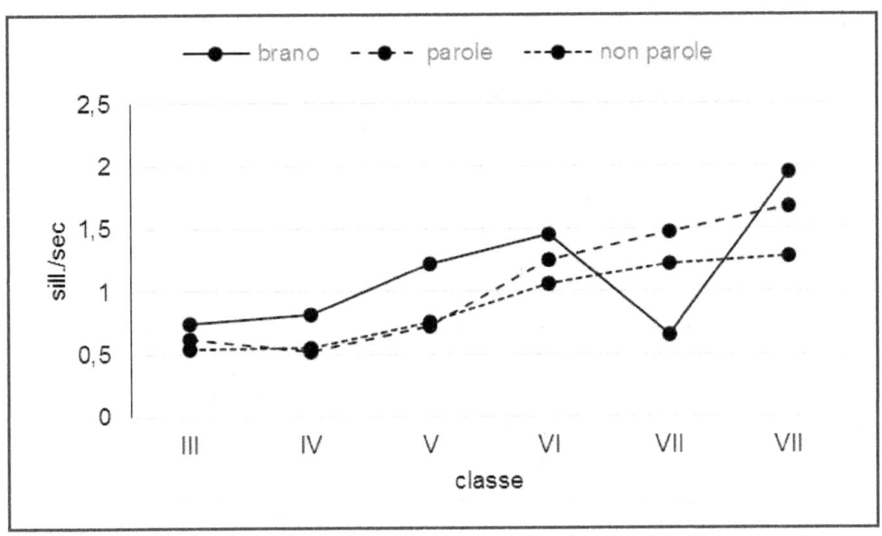

Fig. 2 – Andamento della velocità di lettura di un brano, parole, non parole per classe frequentata dal caso in esame

Tab. 4 – Dati in sillabe al secondo e incrementi percentuali del caso in esame per le tre modalità di lettura dalla IV alla VII classe per il brano, per le parole e le non parole

Modalità di lettura	Classe		Variazione %	L'incremento medio annuo sill./ sec
	IV	VII		
Brano	0,82	1,45 (VI)	+77%	0,32
Parole	0,52	1,47 (VII)	+182%	0,32
Non parole	0,55	1,22 (VII)	+121%	0,22

Dal confronto tra le diverse velocità di lettura, quella riferita al brano, risulta essere la più alta 0,82 sillabe al secondo per la classe IV rispetto a 0,52 sillabe al secondo per le parole e a 0,55 sillabe al secondo per le non parole; e registra un incremento medio annuo di +0,32 sillabe al secondo, lo stesso incremento registrato per le parole. Mentre per le non parole si registra un incremento medio annuo di +0,22 sillabe al secondo.

La significativa riduzione percentuale del numero degli errori ortografici, per le tre modalità di scrittura, evidenzia la positiva efficacia dell'approccio del trattamento messo in atto anche ai fini dell'acquisizione della correttezza ortografica. Infatti il potenziamento del processamento fonologico-verbale, attivato dal dettato linguisticamente complesso dei numeri, con un impegno minimo della componente grafo-motoria, e il potenziamento della programmazione fonologico-verbale durante la lettura di cifre, con un impegno minimo dell'attenzione visuospaziale, hanno favorito la progressiva acquisizione della competenza ortografica.

Variazione percentuale della riduzione del numero degli errori dalla IV alla VII per il caso in esame	
Dettato ortografico	−84%
Dettato di parole	−57%
Dettato di non parole	−50%

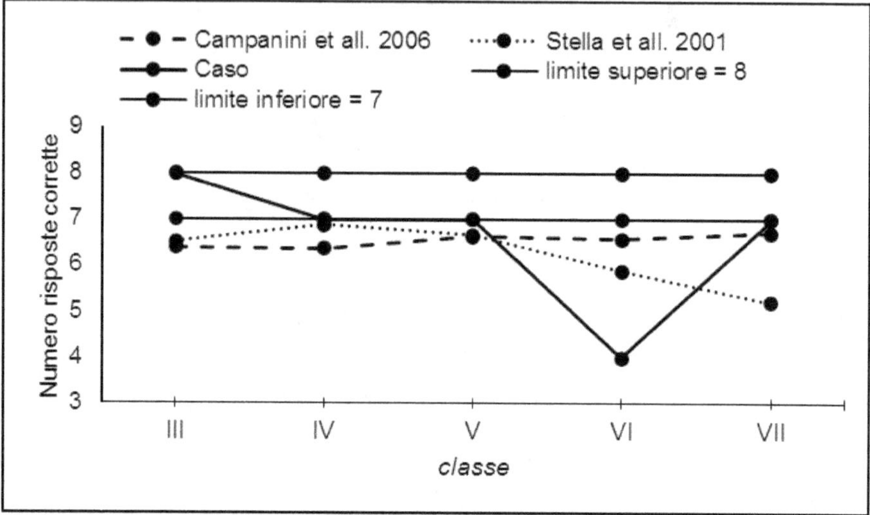

Fig. 3 – Andamenti longitudinali alla comprensione del testo per numero di risposte corrette nel caso in esame, nei campioni dei dislessici analizzati

Commento alla figura 3

La comprensione del testo per il *caso* in esame risulta negli anni collocata sui valori medi, ad esclusione di quella rilavata per la classe VI.

Si può comunque sostenere che, al di là della prestazione negativa alla classe menzionata, le capacità generali di accesso alla comprensione del testo sono tali da consentire livelli prestazionali nella media.

I dati evidenziati dagli altri campioni si collocano longitudinalmente sotto la media; con un incremento, in classe VII, del 5% per il campione di Campanini-Iozzino; con un decremento del 20% per quello di Stella.

Il *caso* in esame registra un decremento del 12%, rimanendo comunque sui valori medi.

Si può comunque ipotizzare, in linea generale, che il decremento dei dislessici alla comprensione del testo sia in relazione alla progressiva perdita delle conoscenze per deficit acquisito di intelligenza cristallizzata.

5. Confronto dell'evoluzione del *caso* in esame con quella dei dislessici non trattati

Nel dislessico del campione di Stella, valutandolo longitudinalmente, l'incremento percentuale della velocità in sillabe al secondo dalla IV alla VI classe per la lettura di un brano è del 30%, mentre il numero degli errori aumenta del 20%.

Nel dislessico del campione Campanini, BottaFerrano, Iozzino (2006) l'incremento percentuale della velocità di lettura in sillabe al secondo per il brano, dalla IV alla VI classe è del 54%, con un aumento percentuale del numero degli errori del 44%.

Tab. 1– Incrementi medi annui della velocità di lettura in sillabe al secondo per il caso e i campioni analizzati

	Caso	Dislessici Campanini et al.	Dislessici Stella et al.
Incremento medio anno velocità sillabe al secondo	+0,32	+0,38	+0,24
Incremento percentuale longitudinale totale velocità	+77%	+54%	+30%

Tab. 2 – Correttezza nella lettura di un brano per numero di errori nel caso in esame e nel campione dei dislessici esaminati

Classe	Caso	Dislessico Campanini et al.	Dislessico Stella et al.
IV	10	12,01	5,89
V	7.33	16,26	6
VI	14	17,29	7,04
Variazione percentuale totale	+40%	+44%	+20%

Per il *caso* in esame per la velocità in sillabe al secondo per la lettura del brano dalla IV alla VI classe, ha un incremento del 77% e l'aumento percentuale degli errori è del 40%.

Tab. 3 – Velocità di lettura per le parole e non parole in sillabe al secondo nel caso in esame e nei campioni dei dislessici analizzati

Classe	Parole (sillabe al secondo)			Non parole (sillabe al secondo)		
	Caso	Campanini et al.	Stella et al.	Caso	Campanini et al.	Stella et al.
III	0,62	0,81	0,96	0,54	0,76	0,76
IV	0,52	1,08	1,13	0,55	0,84	0,78
V	0,72	1,34	1,43	0,75	0,98	1,07
VI	1,25	2,02	1,72	1,06	1,34	1,08
VII	1,47	1,91	2,12	1,22	1,34	1,34
Media anno	+0,32	+0,28	+0,33	+0,22	+0,17	+0,19

Gli incrementi percentuali dei miglioramenti per la velocità di lettura in sillabe al secondo dalla IV alla VII per le parole e le non parole sono:

parole	*incrementi percentuali;*
dati di Campanini et al.	+77%;
dati di Stella et al.	+88%;
caso in esame	+183%;
non parole	*incrementi percentuali;*
dati di Campanini et al.	+60%;
dati di Stella et al.	+72%;
caso in esame	+122%.

Per le parole l'incremento medio/annuo in sillabe al secondo per il campione di Campanini et al. è di +0,28 sill./sec; per il campione di Stella et al. è di +0,33 sill./sec; per il caso in esame è +0,32 sill./sec.

Per le non parole l'incremento medio/annuo per il campione di Campanini et al. è di +0,17 sill./sec; per il campione di Stella et al. è di +0,19 sill./sec; per il *caso* in esame è di +0,22 sill./sec.

Per le parole si registra, per il *caso* in esame una variazione media annua di +0,04 sill./sec rispetto a Campanini et al. e di –0,01 sill./sec rispetto al campione di Stella et al.

Per le non parole si registra, per il caso in esame una variazione media annua di +0,05 sill./sec rispetto al campione di Campanini et al. e di +0,03 sill./sec rispetto al campione di Stella et al.

Per la correttezza di lettura delle parole si registra, per il *caso* in esame, una riduzione del numero degli errori maggiore rispetto al campione di Campanini et al.; una riduzione del numero degli errori minore rispetto al campione di Stella et al.

Tab. 4 – Correttezza per la lettura di parole e non parole (proporzione di errori) per il *caso* in esame, per i campioni dei dislessici di Campanini et al. (2006) e di Stella et al.

Classe	Parole			Non parole		
	Caso	Campanini et al.	Stella et al.	Caso	Campanini et al.	Stella et al.
III	0,12	0,15	0,17	0,40	0,32	0,23
IV	0,12	0,14	0,10	0,46	0,31	0,29
V	0,08	0,10	0,07	0,29	0,24	0,16
VI	0,08	0,08	0,07	0,19	0,22	0,23
VII	0,07	0,11	0,05	0,12	0,25	0,14

I decrementi percentuali relativi alla correttezza per la lettura di parole e non parole, dalla IV alla VII, in termini di riduzioni del numero degli errori sono:

parole   decrementi percentuali degli errori;
   dati di Campanini et al.   −21%;
   dati di Stella et al.   −50%;
   caso in esame   −42%;
non parole   decrementi percentuali degli errori;
   dati di Campanini et al   −19%;
   dati di Stella et al.   −52%;
   caso in esame   −74%.

6. Valutazione e confronto tra le diverse modalità di lettura: brano, parole, non parole

Poiché sono stati messi in relazione gli incrementi della velocità di lettura e la riduzione del numero degli errori per il brano, parole, non parole, si rende necessario approfondire le caratteristiche specifiche delle tre diverse modalità di lettura.

Dato che la codifica del carico visivo del ritorno a capo ha per il compito una valenza importante, si rende necessario valutare il suo diverso peso per le tre differenti modalità di lettura.

Tab. 1 – Carico visivo del ritorno a capo e suoi valori percentuali per le varie modalità di lettura

Modalità di lettura	Carico visivo del ritorno a capo e valori percentuali	
Brano (IV)	11% su 140 parole	5% su 297 sillabe
Parole	96% su 112 parole	38% su 281 sillabe
Non parole	94% su 48 non parole	35% su 127 sillabe

Dai dati è evidente quanto il carico visivo in valori percentuali sia elevato per le parole e le non parole, mentre abbia valori inferiori per il testo.

Dato che le tre modalità di lettura per il brano, parole e non parole implicano caratteristiche di decodifica differenti, è necessario analizzarle per poterle poi confrontare fra loro.

La decodifica del brano oltre che di un adeguato impegno dell'attenzione visuo-spaziale, del processamento visivo sequenziale e della transcodifica, necessita anche della simultanea concettualizzazione a cogliere le informazioni principali per categorizzarle ai fini della comprensione del testo. Poiché di solito sia per il normolettore, che per i dislessici e quindi anche per il *caso* in esame, la velocità di lettura del brano risulta essere, tra le tre modalità la prestazione migliore, è deducibile che siano il contesto semantico, le categorie testuali e la coerenza implicita al testo stesso a favorire positivamente la dinamica della lettura.

Alle parole il carico della transcodifica risulta maggiore rispetto al brano, in quanto il contesto semantico è ridotto, infatti esse non risultano tra loro collegate da alcun nesso logico. Se da un lato, però, il peso concettuale è minore rispetto alla complessità del testo, dall'altro la possibilità di poter utilizzare categorie anticipatorie per la decodifica risulta inferiore. Il processamento visuo-spaziale, invece, ha un carico più elevato per i continui ritorni a capo, cioè, per le interferenze prodotte dai frequenti spostamenti lungo l'asse verticale.

Per le non parole il carico visuo-spaziale è ulteriormente aggravato non solo dall'analisi visiva più complessa interna a ciascuna non parola, dato che il numero dei grafemi presenti è maggiore del 11% rispetto alle parole, ma anche perché esse sono prive di qualsiasi semantica.

Tab. 2 – Velocità di lettura in sillabe al secondo per i normolettori in base al campione di Tressoldi (2011), per i dislessici non trattati del campione di Stella (2001), per il caso in esame per la classe IV e VI

Parole (sillabe al secondo)			
Classe	*Normolettori*	*Dislessici non trattati*	*Caso in esame*
IV	2,62	1,13	0,52
VI	3,94	1,72	1,25
Non parole (sillabe al secondo)			
Classe	*Normolettori*	*Dislessici non trattati*	*Caso in esame*
IV	1,59	0,78	0,55
VI	2,29	1,08	1.06
Brano (sillabe al secondo)			
Classe	*Normolettori*	*Dislessici non trattati*	*Caso in esame*
IV	3,35	1,59	0,82
VI	4,20	2,06	1,45

Quindi poiché le variabili più significative per le tre modalità di lettura, rispetto alla velocità in sillabe al secondo risultano essere il carico visuo-spaziale e la semantica, è necessario approfondire le variazioni della rapidità di lettura, in senso longitudinale dalla IV alla VII classe, per i normolettori, per i dislessici non trattati, per il *caso* in esame, e individuare gli indici relativi ai cambiamenti rispetto alla velocità e conferire loro significati differenti.

Parole e brano (sillabe al secondo)			
Classe	Normolettori	Dislessici non trattati	Caso in esame
IV	-0,73	-0,46	-0,30
VI	-0,26	-0,34	-0,20
Non parole e brano (sillabe al secondo)			
Classe	Normolettori	Dislessici non trattati	Caso in esame
IV	-1,76	-0,81	-0,27
VI	-1,91	-0,98	-0,39

Il normolettore recupera in classe VI +0,47 sillabe al secondo per la velocità delle parole rispetto a quella del brano, grazie all'automatizzazione della procedura di decodifica. Perde invece, per le non parole 0,15 sillabe al secondo rispetto al brano.

Tale perdita di velocità, poiché si tratta di normolettori e in quanto tali non dovrebbero avere difficoltà visuo-spaziali o fonologiche per la decodifica, né per l'accesso lessicale, è attribuibile alla assenza di semantica implicita alle non parole stesse.

I dislessici non trattati del campione di Stella, per la velocità delle parole rispetto al brano, recuperano 0,13 sillabe al secondo

Per la velocità delle non parole rispetto al brano perdono 0,17 sillabe al secondo, a causa del carico visivo per problemi visuo-spaziali, problemi fonologici e di decodifica delle non parole.

Il *caso* in esame, per la velocità di lettura delle parole rispetto al brano, recupera +0,10 sillabe al secondo.

Per la velocità di lettura delle non parole rispetto al brano perde – 0,12 sillabe al secondo, meno sia dei normolettori che dei dislessici del campione di Stella.

Per il *caso* in esame la velocità di lettura per le parole e le non parole registra incrementi percentuali significativi, pari a +183% sillabe al secondo per le parole e +122% sillabe al secondo per le non parole. Tra le tre modalità di lettura, in classe IV, quella a risultare più alta è la velocità in sillabe al secondo per il brano (0,82 sill./sec rispetto a 0,52 sill./sec per le parole e 0,55 sill./sec per le non parole), tanto da risultare probabilmente la meno inficiata dai problemi visuo-spaziali quali le regressioni a sinistra, frequentemente presenti nel *caso*.

Dato che la velocità per il brano è quella che longitudinalmente registra incrementi percentuali pari alle parole (+0,32 sill./sec all'anno), è probabile che la sua mancata evoluzione sia dovuta alla bassa esposizione del dislessico grave alla lettura in generale, alla progressiva complessità morfo-sintattica e alla semantica del testo stesso, la quale risulta essere in stretta relazione con le conoscenze acquisite che, per il *caso*, costituiscono un aspetto deficitario (a 6,33 PP per il 2012) e parzialmente deficitario (a 8 PP per il 2014).

7. Somministrazione della lettura di una serie di 21 parole-numero per il *caso* in esame e confronto con le altre modalità di lettura: brano, parole, non parole

Supponendo che il disorientamento visivo, causato da cadute di attenzione visuo-spaziale e minineglect, possa essere in relazione alle difficoltà di accesso al lessico ortografico su base fonologica, tornando ad analizzare i dati relativi al processamento verbale medio in sillabe al secondo, si riscontra che l'accesso fonologico per la fluenza fonemica in classe IV risulta di 0,21 sill/sec, contro le 1,49 sill/sec del processamento verbale-numerico.

Poiché l'intervento terapeutico attivato è stato incentrato sul processamento numerico, ragionamento aritmetico e geometrico, si verifica la velocità di lettura per le parole-numero evidenziando eventuali discrepanze, rispetto alle velocità registrate per le parole e non parole.

In classe VII viene somministrata, quindi, la lettura di una serie di 21 parole-numero per un totale di 161 sillabe e un totale di 406 grafemi. Le sillabe medie per parola-numero sono 7,66 sill/parola; i grafemi medi per parola-numero sono 19,30 per parola.

- Tempo medio di lettura di una parola-numero   4,07 sec.
- Velocità di lettura   1,88 sill./sec.
- Tempo medio di lettura di una sillaba   0,53 sec/sill.

La velocità quindi risulta essere, rispetto a quella registrata per le parole (1,47 sill./sec in classe VII) più alta del 28%; rispetto a quella delle non parole (1,22 sill./sec in classe VII) più alta del 54%; nonostante vengano decodificati, per la parola-numero media +206% di sillabe e 214% di grafemi, rispetto ai valori medi per le parole; il +190% di sillabe e il +183% di grafemi rispetto ai valori medi delle non parole.

La lettura delle parole-numero sembra, quindi, compensare nettamente la scadente qualità della decodifica su base fonologica, in quanto privilegia l'accesso diretto visuo-verbale-semantico di tipo categoriale e probabilmente il trattamento messo in atto ha permesso un ampliamento delle categorie verbali numeriche possedute dal *caso*; oltre a produrre miglioramenti per la lettura delle parole e delle non parole.

Tab.1 – Confronto velocità di lettura in sillabe al secondo per il caso in esame tra parole-numero, parole, brano, non parole in classe VII

Caso in classe VII			
Velocità di lettura (sillabe al secondo)			
Parole-numero	Parole	Brano	Non parole
1,88	1,47	1,45	1,22
Differenza tra le velocità di lettura (sillabe al secondo)			
	Parole	Brano	Non parole
Parole-numero	+0,41	+0,43	+0,66

Infatti la decodifica dei numeri scritti in formato arabo, mediante processamento verbale-numerico essendo contemporaneamente di tipo fonologico, lessicale, sintattico, semantico, produce miglioramenti per la lettura delle parole, per la lettura delle non parole e per la componente ortografica.

Infatti la lettura di cifre, attivando modalità similari alla decodifica, compensa le basse qualità e funzionalità dell'aspetto fonologico e della programmazione fonologica con un impegno minimo del carico visivo.

Come dimostrato dagli incrementi medi annui per la velocità di lettura delle parole (+0.32 sill./sec); per le non parole (+0.22 sill./sec) e i miglioramenti ottenuti per la scrittura in classe VII: −84% di errori al dettato ortografico; −57% al dettato delle parole; −50% al dettato di non parole. Inoltre significativi risultano i miglioramenti dell'attenzione uditiva selettiva che recupera, nell'anno 2014, una deviazione standard passando da −2 ds a −1 ds e quello dell'attenzione visiva selettiva che recupera +1,40 ds (da -1 ds a +0,40 ds) riducendo la sensibilità ai distrattori visivi.

Tali miglioramenti potrebbero essere il prodotto dell'intervento attivato sulla lettura dei numeri in formato arabo, in quanto l'area visiva occipitale destra risulta essere connessa, mediante la via dorsale, alla regione parietale posteriore destra, la quale è attiva nei compiti di attenzione discendente seriale per la lettura e per l'attenzione visuo-spaziale e, se danneggiata, produce effetti di *neglect* visivo e di *emiattenzione* per la parte sinistra della realtà osservata.

1. La decodifica della lettura delle parole numero in quanto accesso categoriale specifico

In base ai dati verificati per la velocità di lettura delle parole, delle non parole, del brano rispetto a quella ottenuta per le parole-numero, si può dedurre che il suo miglioramento (1,88 sill./sec, rispetto a 1,47 sill./sec per le parole; 1,22 sill./sec per le non parole; 1,45 sill./sec per il brano) sia conseguenza dell'accesso diretto, lessicale-sintattico-semantico specifico del linguaggio numerico, confermando la tesi che è la competenza linguistica a determinare il migliora-mento del lessico categoriale per le parole numero, nonché della funzionalità oculo-motoria per la lettura. Il disorientamento visivo e le *regressioni* si attivano, cioè, in misura molto contenuta rispetto alla lettura delle parole, delle non parole e del brano. Probabilmente perché il suo lessico categoriale, pur essendo complesso, procede in modo diretto permettendo un accesso mediato dalla sintesi verbale implicita alla stringa ortografica. Ogni segmento decodificato è dotato di semantica, quindi l'accesso risulta essere prevalentemente lessicale e non sublessicale.

Poiché la lettura delle parole numero avviene in condizioni di elevato affollamento visivo, come è possibile che si verifichi un così significativo miglioramento della velocità di lettura non essendo mai stata allenata e quando vengono processati in sequenza mediamente 19,30 caratteri ortografici per 7,66 sillabe medie per parola numero?

Si può supporre che sia l'effettivo possesso del lessico categoriale mentale, in questo caso del numero, a produrre una modalità di lettura più efficace e veloce, nonostante la complessità della stringa ortografica per anticipazione mentale rispetto a una sequenza ordinata spazialmente e temporalmente.

Spazio e tempo infatti, secondo Kant (1781), sono forme dell'intuizione che il soggetto applica all'esperienza in quanto costituiscono gli a-priori della conoscenza stessa.

Lo spazio coincide con la forma dell'uno-accanto-all'altro in quanto le sue parti sono compresenti, nel mentre si escludono l'una dall'altra.

Il tempo è anch'esso una forma dell'esteriorità reciproca e dell'esclusione, ma la sua essenziale fisionomia è data dalla successione e non dalla compresenza.

Sempre secondo Kant sono però le categorie dell'intelletto, cioè i primi nomi che vengono dati alle cose, i modi corretti di riferirsi ai dati dell'intuizione, per cui sono i concetti a sintetizzare attivamente il molteplice spazio-temporale proprio dell'intuizione stessa.

Le forme dello spazio e del tempo ineriscono intuitivamente al fenomeno, cioè lo accolgono passivamente come nel caso della decodifica delle non parole che sono prive di semantica. I concetti invece permettono di produrre sintesi e unità dentro il molteplice dell'intuizione. Infatti attraverso le categorie il soggetto conosce discorsivamente, come avviene nella lettura delle parole-numero, grazie alla potenza di sintesi di cui la categoria è depositaria, permettendo di ordinare un molteplice sensibile che sarebbe per il dislessico, senz'altro caotico senza il suo intervento determinante.

Ampliando quest'ultimo concetto alla lettura di tipo categoriale in modo estensivo, esso potrebbe essere valido anche per la lettura di parole attinenti a varie categorie.

È probabilmente proprio in base a questo principio Kantiano che la lettura del brano risulta generalmente più veloce rispetto ad altre forme di decodifica più passive.

Sin da piccolo il bambino utilizza le parole numero nei vari tipi di conteggio che gli adulti gli propongono ed ha quindi molteplici e divertenti occasioni di confronto con l'utilizzo di questo lessico, tanto da costruirsi a livello mentale una categoria lessicale propria specifica, che gli permette di denominare la realtà in modo quantitativo e parallelo al reale valore lessicale delle parole intese come significato.

La denominazione numerica interpretata come semplice conteggio, ancora in assenza del concetto di numero, è pur definibile come forma di rappresentazione mentale e di primordiale astrazione, in quanto in grado di attribuire un significato altro a ciò che è convenzionale e condiviso. Infatti molti bambini piccoli, in possesso di un lessico limitato, alla domanda alla WPPSI relativa al nome del pollice, rispondono "uno", in quanto in assenza della conoscenza lessicale specifica attribuiscono al lessico mancante, il lessico sostitutivo di cui sono in possesso. Quantificare, come sostenuto da molti autori è un fattore innato nell'uomo, tanto che il nucleo del calcolo inteso come istinto alla numerosità, ha una sua base genetica individuabile a livello cerebrale nella corteccia parietale inferiore destra. Quindi è probabile che al bambino risulti più semplice accedere mentalmente a questa categoria lessicale piuttosto che ad altre. Infatti per poter accedere alla lettura secondo il modello neurologico di Dehaene (2007), l'uomo ha bisogno di riciclare neuroni deputati originariamente ad altri scopi, mentre il riconoscimento delle quantità sembrerebbe già essere attivo nel neonato.

Anche l'anticipazione mentale ha origini molto precoci, già il bambino molto piccolo è infatti in grado di attivarla in molteplici situazione del vivere quotidiano, in base all'attuarsi di successioni spazio-temporali degli eventi verificate essere costanti.

2. Modalità di lettura delle parole-numero rispetto alla funzione del minineglect, all'astrazione mentale e accesso fonologico

Leggere le parole-numero (stringa ortografica) permette al *caso* di procedere ad una velocità di decodifica più alta, di ridurre gli errori, di sperimentare successo rispetto ad altre modalità di lettura che lo penalizzano in modo rilevante e quindi di motivarsi ulteriormente.

Oltre ai miglioramenti della lettura, scrittura, anche quelli del sistema cognitivo e di quello emotivo, come in seguito si dimostrerà più compiutamente, avvengono in modo prioritario mediante la strutturazione di forme di ragionamento astratto, mediato da rappresentazioni visive compensatorie, dato che il *caso* non riesce ad attivarle autonomamente.

Il dislessico grave è, infatti, un soggetto carente nell'organizzazione di rappresentazioni mentali adeguate rispetto a contenuti visuo-spaziali, numerici, ortografici, verbali, dai quali astrarre semantiche simbolico-rappresentative aderenti al loro significato implicito.

Il minineglect che risulta essere, per alcuni autori, una delle possibili cause della dislessia, viene classificato come un fattore automatico che determinerebbe disorientamento visivo su base attenzionale, difficoltà di decodifica con conseguenze sulla velocità e sugli errori.

Tale fenomeno è maggiormente presente, nel *caso* in esame, per la lettura delle parole in quanto sono attivi un maggior numero di competitori lessicali e determina la necessità di operare frequenti controlli, verifiche mediante regressioni per insicurezza nella lettura, prodotta anche da una bassa esposizione al compito, piuttosto che da un fattore automatico.

Quindi si può affermare che le difficoltà relative al comando neuro-motorio, che regola l'attenzione visuo-spaziale, hanno un peso maggiore per la velocità di lettura delle parole che, pur registrando un incremento medio di 0,32 sill./sec per anno, raggiunge in VII classe solo 1,47 sill./sec.

Mentre hanno sicuramente un peso minore per la decodifica delle parole-numero 1,88 sill./sec, poiché la scansione visiva utilizzata per le 7,66 sillabe medie avviene per segmenti lessicali significativi e risulta essere simultanea all'attivazione mentale delle rappresentazioni simboliche verbali interne, integrate, stabili, organizzate in semantiche per le quali l'accesso è facilitato, in quanto possedute dalla memoria verbale e dal linguaggio interno (come si potrà verificare ai pesi percentuali del tempo sillaba sul tempo parola).

La lettura delle parole-numero, e in generale qualsiasi altra forma di decodifica e di astrazione, si avvia a partire dalla costruzione di una rappresentazione mentale interna integrata, dalla quale recuperare la programmazione verbale corretta. Dai dati che seguono risulta evidente come il confronto con contenuti visuo-spaziali, numerici, ortografici, verbali complessi risulti essere significativamente difficoltoso quando effettuati mediante processi induttivi e rappresentazionali:

- −4   PP per gli stimoli astratti;
- −3,34 PP per gli stimoli lunghi;
- −3,25 PP per l'integrazione funzionale;
- −3   PP per le sequenze;
- −1,67 PP per il ragionamento;
- −2,34 PP per la funzionalità destra.

Il trattamento effettuato, mediante l'attivazione di forme alternative e compensative rappresentazioni su base visiva, ha favorito progressive e molteplici forme di astrazioni mentali, che hanno prodotto l'incremento della velocità di lettura e migliori capacità di elaborazione concettuale di tipo deduttivo. Il ragionamento, tra i processi induttivi rappresentazionali risulta essere quello meno inficiato (−1,67 PP alla WISC-III del 2012), quindi il più congruo per la riabilitazione.

Sarebbe infatti la semantica, potenziando le componenti legate all'astrazione mentale, l'efficace procedura per compensare i deficit impliciti alla decodifica e quelli ai bassi livelli di funzionamento cognitivo-rappresentazionale.

Inoltre nel caso in esame risulta essere presente una considerevole difficoltà ad apprendere tecniche e ad automatizzarle quando queste risultano non collegate da nessi logici e/o significativi, ma dipendenti solo da stimoli associativi verbali o visuo-spaziali. Infatti alla BVN del 2011 l'apprendimento di coppie di parole risulta essere oltre le −2 ds, mentre la comprensione del testo risulta nella media. Ciò dimostra che sono i significati e le semantiche a compensare il basso livello di acquisizione di tecniche su base associativa. Essendo la difficoltà principale, quindi, proprio quella di apprendere tecniche prive di una semantica esplicita e immediatamente accessibile alla comprensione, il recupero rappresentazionale-fonologico, su base induttiva, associato allo stimolo visivo della stringa ortografica risulta essere significativamente compromesso.

Quindi essendo lettura, scrittura, calcolo, tecniche esecutive che implicano capacità rappresentazionali, manipolazione di dati, automatizzazione, velocità procedurale, livelli attenzionali, è evidente quanto per il *caso*, pur non presentando deficit linguistici particolari, possano essere carenti le competenze generali acquisite.

Nonostante siano nella media analisi e sintesi fonemica, è da porre in evidenza l'impossibilità di accedere al compito dello spoonerismo, in quanto esso si colloca ad un livello astratto di manipolazione fonemica per generare nuove parole, privandole del loro significato originario e prescindendo da esso, al fine di attivare trasformazioni verbali adeguate. Per il *caso* manipolare dati parziali di questo, tipo collocandoli immaginariamente in spazi alternativi e contrapposti, è un compito inaccessibile, poiché presuppone contestualmente manipolazione fonologica, rappresentazione mentale verbale, traslazioni fonemiche e spaziali.

Invece la manipolazione di dati semantici, lessicali, risulta essere più accessibile applicando lo spoonerismo al lessico numerico. Il *caso* riesce cioè a trasformare una cifra da un numero ad un altro, generando nuovi significati per manipolazione di segmenti lessicali-semantici significativi, appartenenti al lessico numerico e non a fonemi isolati come avviene normalmente nello spoonerismo.

Si è potuto infatti verificare, attraverso la pratica clinica di chi scrive, che in altre condizioni di stimoli verbali riducendo la presentazione degli stessi in formati compatti e veloci, è possibile incrementare l'acquisizione di sequenze verbali e favorirne la memorizzazione efficace in relazione alla velocità con la quale lo stimolo viene presentato e interiorizzato.

Ciò si verifica, per esempio, durante l'acquisizione delle sequenze numeriche delle tabelline, favorita dal lavoro verbale rapido e veloce; probabilmente non determinando una modifica dello span di memoria, che risulta essere immodificabile, ma dimostrando che è possibile ottenere un potenziamento della funzione stessa, dato che rappresenta un elemento di qualità variante e può subire, in base a molteplici fattori attenzionali, emotivi, motivazionali, oscillazioni notevoli sia in senso positivo che negativo, come i dati relativi al *caso* confermano.

Se in uno stesso span temporale il soggetto riesce ad incamerare più informazioni, lo span si adatta alla fluidità della presentazione verbale effettuata e il bambino memorizza con più sicurezza e in tempi più veloci stringhe numeriche che, altrimenti, rimarrebbero a lui inaccessibili, con un innalzamento dei livelli attentivi che si manterranno più stabili ed efficienti durante il compito. Anche Benso (2009) sottolinea che la velocità del linguaggio influisce sulla memoria di lavoro rendendola più efficiente. Ma la memoria di lavoro, oltre ad essere il deposito temporaneo di informazioni che facilmente decadono, è il luogo stesso della loro elaborazione, nonché la via di accesso alla memoria a lungo termine, nella quale avviene, sempre mediante linguaggio, il consolidamento delle informazioni in intelligenza cristallizzata, cioè dell'apprendimento.

Allenare quindi la velocità di produzione verbale mediante processamento numerico lessicale, sintattico, semantico, ragionamento numerico, potenziamento della rappresentazione mentale, organizzazione trasversale del pensiero logico-matematico e verbale risulta avere effetti positivi anche sulla decodifica, sull'elaborazione concettuale, sul mantenimento delle informazioni, cioè sull'intelligenza cristallizzata e quindi sull'apprendimento. Infatti, alla WISC-III del 2014, il +26% di conoscenze acquisite correla con il +35% dell'abilità a richiamare informazioni. Evidenziando però che, quest'ultima abilità, ha subito un incremento maggiore rispetto all'acquisizione delle conoscenze.

Per poter comprendere più a fondo gli aspetti riguardanti la decodifica di parole numero si è costruito il seguente ipotetico modello della sua funzionalità.

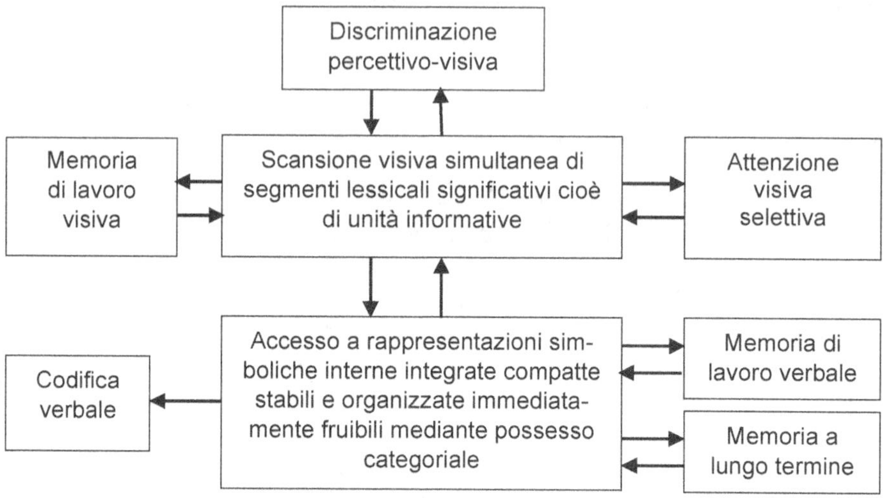

Fig. 1 – Possibile modello per il funzionamento delle lettura per sinergia funzionale delle parole-numero. Modello di lettura per parole-numero (caso in esame)

3. Commento al modello fonologico per l'apprendimento della lettura

Il modello fonologico per l'apprendimento della lettura implica: strutturazione successiva; integrazione dei dettagli e dei significati parziali; uso del ragionamento induttivo per attivare forme di anticipazione mentale escludendo altri competitori lessicali; velocità di elaborazione dello stimolo ortografico mediante esplorazione visiva sequenziale e rapida; la corretta attivazione dell'attenzione visuo-spaziale per la discriminazione e organizzazione successiva degli stimoli visuo-fonologici.

Necessita della capacità di inibire interferenze fonemiche e visive indotte da suoni e grafemi simili; del funzionamento della memoria verbale; della capacità di lavorare con stimoli lunghi e astratti per l'elaborazione di informazioni visive per la loro transcodifica semantica; della capacità di effettuare analisi e sintesi intermodali mantenendo l'attenzione sul compito per tempi prolungati; della capacità di autoregolazione e automonitoraggio mediante codifica uditivo-verbale di quanto letto.

Presuppone la capacità di attribuire significati a stimoli astratti, compito implicito al concetto stesso di lettura, mediante l'uso del pensiero analitico, che assembla le singole parti in un insieme congruo al compito richiesto.

Utilizza sintassi fonologica per la costruzione della semantica mediante linguaggio, in correlazione a configurazioni di stimoli visivi sui quali eseguire rapidamente e in successione operazioni di discriminazione e confronto tra simboli grafici differenti.

Utilizza elementi interni, sintetici, veloci, modificabili e tra loro integrati per giungere a soluzioni efficaci di decodifica, a prescindere dalla semantica vera e propria che, altro non sarà se non la sommatoria di una serie di operazioni intermedie che confluiranno in un apprendimento meccanico ed automatizzato.

Poiché la lettura mediante fonologia dà l'accesso ad un codice condiviso, costituito da elementi salienti dotati ognuno di una propria chiave interpretativa, data dal rapporto tra morfologia grafica e rappresentazione fonologico-lessicale interna corrispondente, non può prescindere dall'operare funzioni di simbolizzazione, integrazione, rappresentazione che costituiscono le caratteristiche tipiche dell'astrazione cognitiva.

Infatti interpretare, denominare, classificare, memorizzare, evocare, sono operazioni mentali che hanno il loro substrato sulle funzioni elaborative di base.

L'accesso fonologico alla lettura, come generalmente riconosciuto, è il presupposto indispensabile per poter pervenire all'utilizzo meccanico ed automatico della decodifica mediante processing parallelo, successivo a quello di tipo seriale, di conversione grafema/fonema dato che la lingua italiana è una lingua parzialmente trasparente.

4. Il circuito cerebrale della lettura secondo il modello neurologico per l'apprendimento della decodifica

Altro aspetto importante da prendere in considerazione ai fini della comprensione del funzionamento dell'apprendimento della lettura, è rappresentato dai correlati neuropsicologici coinvolti nei processi neuronali della decodifica.

Il modello neurologico per l'apprendimento della decodifica interpreta la lettura come una funzione parallela e rapida, il cui ultimo risultato altro non è che l'automatizzazione di una catena di operazioni cerebrali e mentali che dissezionano e ricompongono, per tappe successive la parola, dando solo l'impressione di un suo riconoscimento immediato e globale (Dehaene, 2007).

L'obiettivo dell'insegnamento della lettura in tale ottica non può che essere quello di sistemare e organizzare tale gerarchia di operazioni, affinché il bambino possa riconoscere i singoli grafemi e trasformarli facilmente, mediante apprendimento, in fonemi e quindi in linguaggio.

Il modello prevede, a grandi linee, l'entrata visiva delle parole attraverso le regioni occipitali; come è noto, infatti, le proiezioni visive sono incrociate per cui le parole o lettere presentate a sinistra della fovea, cioè dal punto di fissazione, si proiettano sulla metà destra della retina di ogni occhio e da esse le informazioni viaggiano verso le aree visive dell'emisfero destro.

Allo stesso modo accade per le parole, o parti di parole, presentate sulla parte destra di ciascuna retina arrivando però all'emisfero sinistro.

L'elaborazione retinica delle informazioni permette operazioni al più alto livello di astrazione e di invarianza, cioè l'area visiva della forma delle parole (BA19) compensa automaticamente e indipendentemente dai livelli di coscienza, in meno di due decimi di secondi, eventuali variazioni prodotte dall'uso di dimensioni, caratteri, font differenti, al fine di orientare l'astrazione rappresentazionale ottenuta, verso quelle aree dell'emisfero sinistro deputate alla lettura garantendo l'accesso alla pronuncia e al significato.

Poiché l'area visiva della forma delle parole (BA19) è collocata a sinistra, nella regione occipitale-ventrale, situata al confine tra il lobo occipitale e quello temporale, le parole, lettere, o parti di parole elaborate visivamente a destra debbono essere trasferite, per raggiungere BA19, all'emisfero sinistro e successivamente elaborate dalle altre regioni coinvolte nel processo della decodifica.

Il trasferimento delle informazioni da un emisfero cerebrale all'altro avviene tramite il corpo calloso che incanala, trasmette e rende possibili le comunicazioni interemisferiche tra aree speculari del cervello, mediante la commessura ippocampale e quella anteriore.

Nel lettore principiante, secondo Dehaene (2007) e Bakker (1992), entrambi gli emisferi cerebrali sono attivi e in particolare lo è il destro a livello della corteccia parietale superiore, per l'orientamento automatico dell'attenzione spaziale, per l'attivazione selettiva dei grafemi e per l'invio di input al centro oculo-motore.

Successivamente emerge, invece, una laterazione sinistra verso la regione occipito-temporale, cioè, verso l'area della forma visiva delle parole, per cui alcuni neuroni di tale area si specializzano nel riconoscimento di grafemi, digrammi, prefissi, suffissi.

L'apprendimento, secondo Dehaene (2007), si affina progressivamente per la precisione via via acquisita dal codice neuronale che da ridondante, per cui gran parte dei neuroni fa le stesse grezze discriminazioni, si specializza verso una specificità neuronale dalla quale, il resto del circuito cerebrale della decodifica, impara ad interpretare i segnali come parole.

Il ruolo dell'area visiva della forma delle parole (BA19) è quello di elaborare solo stimoli ortografici e non altri generi di stimoli visivi, cioè calcola una descrizione grafemica, segmenta, classifica e trasmette l'informazione visiva alle altre regioni dell'emisfero sinistro implicate nella lettura, proiettando verso le aree temporali superiori, sedi delle regioni uditive primarie; verso quelle temporali-mediali, implicate nell'analisi delle parole; verso la corteccia motoria destra e sinistra per la produzione del linguaggio verbale. Infine attiva la corteccia prefrontale-inferiore sinistra per le associazioni semantiche e l'accesso al significato.

Il giro angolare sinistro rende possibile la connessione visivo-uditivo-verbale, mediante programmazione fonologica ed è probabile che sia attivo, per tale compito, anche il giro angolare destro: sarebbe infatti la percezione di uno stimolo uditivo ad innescare la decodifica seriale o in parallelo.

In tutto l'emisfero sinistro sono presenti, quindi, regioni implicate nella elaborazione del linguaggio, cioè, della rappresentazione del suono in fonologia; della coarticolazione in fasia; del significato in semantica e anche se esse non risultano essere direttamente coinvolte nel processo di decodifica sono, comunque, indispensabili alla lettura.

Secondo Profumo (1999) ogni lettore esperto dispone, infatti, di un magazzino di lessico ortografizzato che permette di leggere con accessi diretti le parole e in particolare le parole ad alta frequenza senza la necessità di effettuare la conversione grafema-fonema, attraverso quello che viene chiamato *"processing parallelo"*.

Quando invece il lettore si trova di fronte a parole non contenute nel proprio magazzino lessicale, cioè parole a bassa frequenza, occorre effettuare il così detto "processing seriale" che consiste in una analisi sequenziale di tutta l'informazione ortografica del testo.

I meccanismi che rendono capaci di processare in parallelo o in maniera seriale, ma comunque rapida ed efficace una parola sono processi che divengono presto automatici per il normolettore.

Nei dislessici, sempre secondo Profumo (1999), questi due processi possono essere selettivamente deficitari e la lentezza del processo di riconoscimento e di comprensione delle parole, fa sì che la lettura diventi un mero processo di decodifica, mancante di rapidità e di correttezza e con scarse possibilità di acceso diretto.

8. Analisi delle modalità critiche per la decodifica nei dislessici

Per chi lavora con soggetti dislessici è frequente verificare modalità critiche differenti rispetto alla decodifica di solito acquisita mediante approccio fonologico.

Ci sono cioè bambini veloci nella lettura, ma molto scorretti che riescono, però, facilmente ad accedere alla comprensione del testo, nonostante la scadente qualità della corrispondenza fonologica per la lettura.

Dato che per questi bambini il parametro velocità risulta essere più vicino alla norma, rispetto ad altri dislessici, si può presupporre che per loro lo span visivo, l'inseguimento visivo, l'attenzione visuo-spaziale dinamica siano funzionanti. Ma il verificarsi, contestuale alla decodifica, di numerosi errori relativi alla correttezza indurrebbe a pensare che potrebbe essere l'attenzione visuo-spaziale discriminativa ad essere insufficiente, tanto da produrre omissioni, sostituzioni, alterazioni relative alla corrispondenza grafema/fonema.

Mentre, invece, è probabile che le rappresentazioni interne delle stringhe ortografiche siano stabili, organizzate, integrate, tanto da permettere l'astrazione semantica che risulta preservata e funzionale ai fini della comprensione del testo.

Si potrebbe quindi supporre che, mentre il lessico visivo in entrata possa essere adeguatamente decodificato, mediante la via visiva della lettura, la corrispondente programmazione fonologica potrebbe essere significativamente carente, producendo gli errori di codifica verbale. Sarebbe, quindi, il *giro* angolare sinistro ad essere compromesso nella funzione della programmazione fonologica, con perdita di unità informative rilevanti lungo i percorsi cerebrali inerenti la decodifica, infatti questi sono bambini anche frequentemente disortografici.

In altre parole l'occhio elaborerebbe informazioni simboliche correte di astrazione visiva, dato che la loro rappresentazione interna risulta corretta ai fini della comprensione del testo, mentre la programmazione fonologica corrispondente avvenendo per assemblaggio di singole parti, potrebbe subire alterazioni che determinerebbero una discrepanza tra la via visiva in entrata e la via fonologica in uscita. Questi bambini utilizzerebbero, per la lettura, la scansione visiva tramite il processing parallelo, mentre per la programmazione fonologica la scansione seriale, probabilmente deficitaria.

Altra modalità critica per la decodifica è quella rappresentata da una lettura lenta e scorretta e, in tali casi, oltre ad essere compromessa l'attenzione visuo-spaziale dinamica, a causa di uno span visivo ridotto, probabilmente potrebbero anche risultare compromesse sia l'attenzione visuo-spaziale discriminativa, che le rappresentazioni interne perché non sufficientemente organizzate e integrate, secondo modalità intermodali, per interferenze fonemiche e visive.

Ci sono bambini dislessici che producono una corretta decodifica, contro una la velocità di lettura molto lenta. La causa di ciò potrebbe essere addebitata ad uno span visivo ridotto, che produrrebbe una decodifica frammentata, sequenziale e incapace a favorire l'accesso alle anticipazioni mentali necessarie per la comprensione del contenuto semantico implicito a quanto letto.

Le rappresentazioni interne, formalmente corrette, sarebbero organizzate in formati parcellizzati, strutturati prevalentemente su base fonologica o sillabica e comunque sublessicale.

Di solito i dislessici lenti risultano essere bambini meno dotati a livello intellettivo, con una bassa velocità di elaborazione per gli stimoli astratti, con problemi di comprensione del testo a causa dei tempi eccessivamente lunghi della decodifica. Questi impediscono l'integrazione corretta delle diverse unità informative in formato efficace, veloce, compatto, l'unico funzionale alla costruzione interna dei significati letti e delle relative concettualizzazioni lessicali, sintattiche e semantiche.

Non saper concettualizzare attraverso la lettura, o farlo solo in parte, determina ridotte capacità nell'organizzare materiale verbale in modalità sintetiche e salienti, indispensabili alla formazione di schemi mentali concreti ed astratti.

Durante la fase logografica, relativa ai primi approcci alla lettura da parte del bambino, secondo il modello della Frith (1985), la percezione visiva sulla parola avviene mediante analisi globale che permette di riconoscere, associare, discriminare stringhe ortografiche indipendentemente dal valore alfabetico dei singoli grafemi. Dato che i dislessici avrebbero, a tali compiti, prestazioni simili a quelle dei normolettori, lo span visivo utilizzato dovrebbe essere sufficientemente ampio ed efficiente per tali compiti.

Ma quando comincia per loro l'apprendimento della fase alfabetica, lo span visivo tende automaticamente a ridursi, perché il bambino è indotto, dal modello dell'insegnamento tipico dell'approccio fonologico, a concentrare la sua attenzione sulla decodifica dei singoli grafemi, mantenendolo poi, per abitudine acquisita e incertezze nella decodifica, a lungo ridotto. Secondo Benso (2009) lo span visivo risulta scarsamente modificabile se non attraverso interventi mirati e specifici.

Nel *caso* specifico si nota, invece, che lo span visivo risulta modificabile utilizzando l'accesso categoriale diretto alla lettura, dato verificabile in base alla velocità di decodifica per le parole numero.

Un'ultima modalità critica riguarda quei dislessici che tendono ad anticipare casualmente la lettura compiendo errori semantici, cioè da alcuni indizi visuo-fonologici propri di una lettura seriale desumono, per dare a loro stessi e agli altri la parvenza di una decodifica veloce, la lettura di una parola "impropria" rispetto al contesto semantico del testo.

L'errore in tal caso sarebbe concettuale, dettato dalla motivazione di raggiungere una prestazione di tenuta migliore, causato dalla asinergia funzionale tra i processi di decodifica e quelli della corretta anticipazione concettuale per ridotto autocontrollo, infatti si tratta di bambini spesso anche iperattivi, con un elevato senso di autoefficacia.

1. Altri possibili circuiti logico-funzionali attivi durante la decodifica

Che esistano altre vie di accesso alla lettura è confermato dai casi di emilessia nei quali, ai fini della lettura, è necessaria l'attivazione di zone appartenenti alla regione prefrontale in grado di elaborare, anche se con tempi più alti, la forma visiva della parola attraverso un'altra via anatomica, che utilizza la parte anteriore del corpo calloso per trasmettere informazioni corrette alle regioni frontali sinistre, sotto forma di immagine della parola e raggiungere, quindi, le aree del linguaggio e della produzione verbale.

Il percorso neuronale per l'attivazione della modalità visuo-verbale-semantica di decodifica potrebbe, dunque, essere diverso da quello proposto dal modello fonologico.

Infatti alcuni esperimenti di Kleineschmidt et al. 1998, Lumer e Rees 1999, evidenziano che per il processamento delle immagini sono coinvolte le aree della corteccia fronto-parietale, quando lo stimolo percepito cambia da una categoria all'altra e l'attività di tale aree diventa maggiormente critica quando si diventa coscienti del cambiamento percepito.

Dagli stessi esperimenti, risulta essere attiva anche una area extrastriata della corteccia visiva, in uno schema integrato che permette di costruire una interpretazione cosciente degli stimoli visivi.

L'attività fronto-parietale sembra sia presente soltanto durante la percezione alternata di stimoli rivali, suggerendo che essa sia centrale nella percezione di stimoli coscienti e nella selezione di stimoli neurali che comportano consapevolezza visiva.

Infatti, secondo Lumer e Zeki (1999), una delle funzioni principali del sistema nervoso è quella di attribuire significato agli stimoli visivi mediante l'individuazione di una soluzione. I miglioramenti, per il *caso* in esame, verificati per RS pari a +150% e per SF +44% potrebbero correlare con tale interpretazione.

Questo ragionamento potrebbe, anche, rendere ragione della modalità di lettura evidenziata dall'Università di Cambridge che dimostra, come per i normolettori l'accesso alla lettura avvenga per via visiva diretta. La lettura, secondo tale studio, sarebbe corretta anche quando all'interno delle singole parole la sequenza dei grafemi risultasse essere scorretta, purché siano nella giusta posizione la prima e l'ultima lettera di ciascuna parola.

Ciò potrebbe dimostrare che la funzione principale del sistema nervoso è proprio quella di attribuire significato agli stimoli ricevuti mediante l'individuazione di soluzioni e non mediante processing visivi (o fonologici) paralleli.

Alla decodifica automatizzata la percezione alternata di stimoli visivi rivali, stimolerebbe direttamente la percezione cosciente e il recupero del significato attraverso la semantica interna posseduta.

Tale modalità di decodifica implicherebbe quindi l'attivazione delle funzioni esecutive per compiere la scelta decisionale (aree frontali destre).

2. Approfondimento del rapporto linguaggio lettura

Se linguaggio e lettura sono interrelati e avendo, il primo, una funzione rappresentazionale-simbolica-comunicativa, allora anche la lettura avrà le medesime caratteristiche. La sua acquisizione, avvenendo mediante interpretazione di stimoli visivi dotati di significato altro non sarebbe, almeno fin quando la procedura non diventa un automatismo, l'astrazione di tali rappresentazioni indipendentemente dal metodo d'insegnamento utilizzato.

Astrarre, infatti, vuol dire essere in possesso di un concetto unitario significativo da applicare o da estrarre dalla realtà per denominarla, riconoscerla, affermarla, valutarla.

Il concetto si stabilizza per contesti semantici, mediante modalità induttive e/o deduttive e procedimenti associativi/discriminativi parziali o globali.

Il metodo induttivo presuppone l'efficacia dei processi cognitivi di base: percezioni, attenzioni, memorie, cioè il corretto funzionamento del secondo blocco di Lurija (1976) per giungere a costruire classificazioni e categorizzazioni concettuali facilmente reperibili e utilizzabili nella pratica del pensiero.

Il metodo deduttivo applica alla realtà percettiva principi e regole dei quali il pensiero è già in possesso, secondo modalità generali e/o specifiche per acquisire e consolidare apprendimenti, o conoscenze mediante l'attività del terzo blocco funzionale di Lurija (1976).

I due metodi, induttivo/deduttivo, non si escludono a vicenda, ma si integrano nel corretto funzionamento della mente. Nel caso dei dislessici, però, è indispensabile interrogarsi sulle modalità più consone di presentazione degli stimoli per ottenere risultati migliori ed efficaci ai fini dell'acquisizione della lettura e in generale per tutti i compiti cognitivi.

Durante l'apprendimento della lettura il dislessico è probabile che si trovi di fronte ad un caos grafemico tale da non riuscire ad ordinarlo e integrarlo nelle proprie strutture mentali, a causa dei deficit parziali che presenta sia visuo-percettivi che fonologici.

Tale sistematizzazione potrebbe essere favorita dal possesso di una struttura linguistica superiore e sovraordinata, che agisca in modo causale su ciò che a lui appare essere organizzato in modo del tutto casuale.

Tale sistema procederebbe dall'alto verso il basso, permettendo al caos grafemico di confluire, mediante specifici esercizi riabilitativi, in una struttura dotata di senso, compatibile con le efficienti strutture di livello superiore, influendo positivamente su tutto il sistema di decodifica.

In base a quanto esposto si potrebbe obiettare che anche i soggetti con deficit intellettivo lieve pervengono comunque alla decodifica mediante processamento seriale. Questo in effetti è possibile quando le loro funzioni di base risultano essere sufficientemente efficienti, tanto da costituire i punti di forza indispensabili per compiere le operazioni cognitive necessarie all'apprendimento della transcodifica.

Ma una volta consolidata la pura tecnica, essa rimarrà lenta nella dinamica, incerta nella correttezza, accessibile solo per contenuti concreti e semplici. I processi di astrazione deficitari, di cui tali bambini sono in possesso, limitano l'accesso ai concetti complessi e interrelati propri della comprensione testuale e degli apprendimenti disciplinari, che risulteranno compromessi.

Il dislessico, e in particolare quello grave come è il *caso* in esame, spesso presenta proprio nelle funzioni di base il punto di debolezza più evidente (attenzione uditiva −2 ds, recupero immediato −1,70 ds, LD 72 VE 71 apprendimento meccanico di parole −2 ds nel 2012). E utilizzare processi induttivi di pensiero, a partire da funzioni di base deficitarie, può compromettere anche la costruzione dei processi superiori di astrazione, per l'acquisizione di informazioni corrette.

Il trattamento messo in atto determina un miglioramento su diversi aspetti come verificabile dalla testistica del 2014 (*capitolo 3.*):

- l'attenzione uditiva selettiva passa da −2 ds a −1 ds;
- l'attenzione visiva selettiva passa da -1 ds a +0,40 ds;
- LD da 72 di quoziente fattoriale a 85;
- VE da 71 a 91 (WISC-III);
- la denominazione su presentazione visiva da −2 ds passa a +0.35 ds (BVN);
- l'apprendimento di coppie di parole passa da oltre −2 ds a −2 ds (BVN);
- peggiora il ricordo selettivo immediato che passa dalla media a −1,70 ds (BVN);
- migliora il ricordo selettivo differito che passa da -1 ds a +1.25 ds (BVN).

Alla WISC-III del 2014 si registrano:
- +0,25 PP per gli stimoli lunghi;
- +2,75 PP per gli stimoli astratti;
- +2 PP per le sequenze; +0,67 P.P. per il ragionamento;
- +3 PP per l'integrazione funzionale;
- +1,67 PP per la concettualizzazione verbale.

Le analisi dei deficit che permangono verranno effettuate successivamente.

3. Relazione tra decodifica delle parole-numero, scrittura, elaborazione linguistica dei numeri

Poiché nella lettura delle parole-numero, per il *caso* in esame, si registra una velocità in sillabe al secondo maggiore rispetto alle altre modalità di lettura (+28% per le parole, +54% per le non parole) e, non essendo mai stata allenata, si può ipotizzare che sia l'acceso lessicale categoriale a trascinare con sé, organizzandolo, il significato di quanto decodificato producendo automaticamente uno span visivo più ampio, proprio perché il contenitore lessicale dal quale attingere informazioni è ridotto e i competitori lessicali risultano limitati.

Infatti l'accesso lessicale di tipo categoriale migliora la dinamica dell'attenzione visuo-spaziale armonizzandola alla produzione verbale pur complessa, ma sempre relativa ad una stessa categoria mentale, rappresentata da segmenti lessicali graficamente coerenti e ricorsivi sia a livello lessicale che ortografico.

Inoltre la decodifica delle parole-numero potrebbe attivare simultaneamente aspetti diversi e più complessi della lettura di parole, in quanto riguarda contemporaneamente processi fonologici, lessicali, sintattici, semantici, indispensabili all'acquisizione del lessico, alla strutturazione frasale, all'organizzazione del discorso e alla correttezza ortografica (per il *caso* in esame alla data del 2014 VC + 50%; Dettato ortografico nella media).

L'acquisizione della decodifica per il normolettore, secondo chi scrive, è una operazione di astrazione rappresentazionale relativamente semplice e veloce, la lettura messa in atto nella fase lessicale potrebbe essere interpretata come una evoluzione di quella che la Frith definisce essere l'iniziale fase logografica.

Il normolettore procederebbe alla immediatizzazione lessicale attivata dalle stringhe ortografiche stesse, simultaneamente orientato dalla semantica verbale di cui è in possesso, tanto da riuscire durante la lettura del brano a compiere le necessarie anticipazioni mentali che ne velocizzano la dinamica e la stessa comprensione del testo.

Per il *caso* in esame la velocità più elevata per la lettura delle parole numero potrebbe essere giustificata dall'attivazione del circuito cerebrale alternativo ai processi di analisi e assemblaggio per la decodifica, utilizzando proprio il terzo blocco funzionale di Lurja. Il +28% di velocità alla decodifica delle parole numero correla, infatti, con il +9% al ragionamento e il +15% alla strutturazione simultanea (dal profilo delle categorie alla WISC-III 2014).

Infatti le memorie visive, definite come le memorie di riconoscimento, sono collocate nella corteccia temporo-anteriore destra, connesse alle amigdale e all'ippocampo (aree emotivo-motivazionali). Inoltre, per la ritenzione del materiale verbale, sono attive le aree frontali opercolari sinistre le quali costituiscono il sito del linguaggio interno; l'area di Wernicke, sede del significato verbale e dell'immagine uditiva delle parole; l'area di Broca sede della elaborazione dei pensieri, delle idee e degli atti psichici superiori.

Il potenziamento delle aree cerebrali frontali, deputate ai processi superiori, sarebbe stato favorito per il *caso* in esame dall'uso di rappresentazioni grafico-visive di ordine simbolico, le cui interpretazioni avrebbero consolidato i processi di astrazione del circuito neurolinguistico visuo-verbale-semantico mediante il metodo cognitivo-rappresentazionale messo in atto.

Tale circuito viene attivato dalle rappresentazioni visive delle immagini e segue un percorso diverso rispetto al circuito neurolinguistico verbale, passa infatti direttamente dalla corteccia visiva al giro angolare, solo successivamente all'area di Wernicke e mediante il fascicolo arcuato all'area di Broca, infine alla corteccia motoria.

Il giro angolare collocato nella corteccia associativa parieto-temporo-occipitale è connesso alle regioni frontali e prefrontali, alla circonvoluzione paraippocampica e a quella sopramarginale. Risulta coinvolto nei processi legati al linguaggio, al richiamo dalla memoria, alle funzioni linguistiche complesse quali: programmazione fonologica, lettura, scrittura, interpretazione di ciò che è scritto.

Permette inoltre l'elaborazione dei numeri come rappresentazione di codifica verbale, cioè di transcodifica tra significati verbali e valori numerici corrispondenti. Applica alla logica numerica la relativa logica linguistica che, se impropriamente attivata, causerebbe nella scrittura dei numeri gli effetti negativi della lessicalizzazione ($3570 = 3000 + 500 + 70$).

Il giro angolare, pur non essendo un'area specifica delle operazioni di calcolo, è comunque un'area coinvolta nell'elaborazione dei numeri mediante il linguaggio e prende parte a tutte le operazioni numeriche che richiedono l'uso del linguaggio stesso.

È anche un'area coinvolta nella cognizione spaziale, nell'attenzione spaziale, nelle metafore verbali e nella concettualizzazione, per cui l'uso di rappresentazioni grafico-visive di ordine simbolico e cognitivo-rappresentazionale avrebbero favorito per il *caso* miglioramenti integrativi alle funzioni di base, alle elaborazioni concettuali mediante associazioni visuo-verbali, nonché l'accesso più rapido alla decodifica delle parole numero che, efficacemente trattate a livello verbale, risultano possedute dal linguaggio interno e dalla memoria verbale.

Quindi la connessione attivata è quella visiva-verbale-semantica mediante pro-grammazione concettuale e ciò rende la lettura delle parole numero più rapida, indipendentemente da training specifici. Se le parole-numero venissero invece lette mediante la via fonologica (connessione visuo-uditivo-verbale), i tempi sarebbero indubbiamente più alti e la decodifica più scorretta.

Il miglioramento, verificato alla programmazione fonologica (giro angolare), potrebbe essere relativo al processamento verbale delle complesse stringhe numeriche in formato arabo che avrebbero prodotto effetti positivi sulle funzioni sequenziali e i miglioramenti della corretta scrittura (−84% di errori al dettato ortografico; −57% al dettato di parole; −50% a quello di non parole).

4. Correlazioni tra velocità di processamento verbale e velocità di lettura alle parole in classe VII

A conferma del rapporto linguaggio/lettura, nello specifico del caso in esame, analizzando i dati alla fluenza categoriale e alla fluenza fonemica in classe VI (BVN 2014) e, valutando le velocità di processamento verbale in sillabe al secondo prodotte alle stesse prove, si verificano eventuali relazioni possibili confrontandole con la velocità di lettura alle parole per la stessa classe.

Alla BVN del 2014 la fluenza fonemica risulta essere a −1 ds; la fluenza categoriale è a −1,24 ds.

Dato che, anche un normolettore potrebbe avere gli stessi livelli prestazionali alle medesime prove e le stesse velocità di processamento verbale, ma velocità di decodifica nella media, vengono calcolati e confrontati i diversi rapporti.

Per il normolettore l'elaborazione dello stimolo esterno da decodificare è un automatismo rapido e veloce, mentre l'elaborazione interna di contenuti astratti (fluenza fonemica) e categoriali (fluenza categoriale) sarebbe molto più lenta, rispettivamente in un rapporto 1/16 per la velocità di processamento verbale su base fonologica e in un rapporto 1/9 per la velocità di processamento verbale su base categoriale.

I rapporti risultano essere molto lontani tra loro, cioè, gli aspetti di velocità sia quella di processamento fonologico che categoriale, per il normolettore, sono ormai ininfluenti rispetto alla decodifica.

Mentre per il *caso* i rapporti sono molto più ravvicinati in quanto la decodifica è lenta e non automatizzata, 1/5 per la velocità di processamento fonologico; 1/3 per la velocità di processamento categoriale, gli aspetti relativi alla fonologia, alla categorizzazione, hanno ancora un peso notevole rispetto alla velocità di decodifica. Ciò potrebbe evidenziare la correlazione di diversi elementi significativi per il *caso*.

- La decodifica necessita di un elevato livello di transcodifica che ne rallenta sicuramente il processo di automatizzazione, richiedendo ancora processi elevati di astrazione fonologica.
- Il processamento fonologico attivato dal trattamento implica e favorisce la costruzione della logica linguistica verbale applicata al lessico numerico.
- Il processamento verbale numerico (e in generale quello categoriale), favorendo la concettualizzazione, correla parallelamente nella sua funzione riabilitativa con la decodifica, in quanto la lettura nella sua complessità implica oltre alla decodifica, comprensione e acquisizione di conoscenze, attiva cioè il pensiero nelle sue svariate forme.
- Il metodo cognitivo-rappresentazionale avendo come oggetti del proprio intervento i processi superiori di astrazione e le funzioni di base non può che potenziare tali implicazioni.

9. Analisi dei deficit che permangono per il *caso* in esame e correlati neuropsicologici in relazione alla coordinazione motoria dinamica

Sia la discrepanza longitudinale delle prestazioni alla BVN per il ricordo selettivo immediato (da una prestazione nella media per il 2011 a −1.70 ds per il 2014) sia la discrepanza parallela nel 2014 per il ricordo selettivo differito a +1.25 ds non possono passare inosservate.

La longitudinale evidenzia la variabilità del *caso* rispetto a prestazioni legate alla memoria di lavoro, in quanto quest'ultima dipende da molteplici fattori interni ed esterni che possono favorirne o ostacolarne la qualità.

La memoria di lavoro correla infatti con aspetti emotivi propri del sistema limbico che presiede alle emotività, e condivide con l'ippocampo, considerato co-processore per la ritenzione di informazioni, anche gli aspetti motivazionali.

La rilevazione della prestazione al ricordo selettivo immediato, nella media per il 2011, individua per la funzione della memoria di lavoro livelli potenziali di crescita.

La discrepanza, rilevata rispetto al ricordo selettivo differito, evidenzia la stabilità della memoria semantica, che è in grado di immagazzinare e mantenere informazioni precedentemente acquisite.

Significativo è anche il dato per l'apprendimento di coppie di parole (BVN) in quanto rappresenta per il *caso* uno degli aspetti deficitari più rilevanti, impedendogli di automatizzare in generale le procedure e in particolare quelle del calcolo.

Queste ultime implicano l'acquisizione e il mantenimento di una serie di azioni successive ordinate nello spazio e nel tempo, che divengono via via automatiche e corrette.

Pur essendo procedure meccaniche sottostanno ai significati e ai correlati del pensiero che ne definiscono sia l'opzione di scelta applicativa, che la sequenzialità esecutiva stessa.

Nel caso del calcolo scritto, applicato al problem-solving, l'opzione della scelta è data dall'individuazione di quale operazione eseguire, mentre la sequenzialità è data dalla successione spazio-temporale propria della tecnica operativa necessaria alla soluzione del problema posto.

La scelta applicativa è relativa all'efficacia del ragionamento aritmetico attivato, l'esecuzione dell'operazione è la conseguenza di apprendimento e di esercizio per i normocalcolatori; per il *caso* in esame invece l'operatività del calcolo automatico costituisce un ostacolo insormontabile.

Analizzando le singole tecniche operative del calcolo si evidenziano logiche grammaticali e sintattiche diverse interne a ciascuna tecnica, che rendono significativi i simboli, le collocazioni spaziali dei numeri, le procedure esecutive e i risultati ottenuti.

Essendo le quattro operazioni fondamentali costituite dal fenomeno della fattualità possono essere o acquisite meccanicamente per effetto del l'apprendimento, o possono essere acquisite per ragionamento operazionale concreto di causa/effetto, relativo alle dinamiche implicite all'applicazione di ogni singola tecnica operativa.

Tale modalità comporta indubbiamente più tempo per l'apprendimento, per l'esecuzione, per l'interpretazione delle singole classi operative.

L'alternativa, sicuramente più rapida, è stata suggerire l'utilizzo della calcolatrice come strumento compensativo ai vari deficit del *caso*, ostacolando però in tal modo la reale acquisizione del concetto di numero che implica la capacità di manipolarlo, organizzarlo, trasformarlo in funzione di uno scopo da raggiungere, cioè il risultato implicito al calcolo.

Secondo chi scrive, per i discalculici, l'uso della calcolatrice dovrebbe essere modulato in base alle necessità di alleggerire il carico di lavoro, velocizzare i tempi esecutivi, favorire il raggiungimento del corretto risultato. Il ragionamento aritmetico, che sottostà alle singole operazioni, non può non costituire un obiettivo riabilitativo essenziale in funzione dei concetti che presiedono al calcolo, allo sviluppo potenziale del pensiero matematico, ai processi di astrazione e alle funzioni di base, dato che le singole operazioni implicano l'applicazione di concetti spaziali e temporali.

I correlati neuropsicologici del deficit di automatizzazione degli apprendi-menti sono relativi alle difficoltà ad eseguire lavoro cognitivo rapido e accurato, quello che Schmahmann (1997) definisce come deficit di destrezza mentale.

Questi ritiene infatti che il cervelletto, specie nel lobo posteriore, abbia funzioni cognitive e sia anche coinvolto in compiti di memoria di lavoro, attenzione, flessibilità cognitiva, coordinazione temporale.

Il cervelletto, che costituisce il 10% del volume del cervello, contiene più del 50% dei neuroni del sistema nervoso centrale e costituisce una stazione integrativa di alta complessità del sistema motorio pur non attivandolo.

Secondo Schmahmann (1997) se la corteccia motoria utilizza l'input cere-bellare per realizzare prestazioni motorie rapide e accurate, si può ipotizzare che le cortecce associative agiscano, in quanto il cervelletto è un co-processore della corteccia, di concerto con esso anche per compiti concettuali, con funzioni anticipatorie, modulatorie e quindi di organizzazione esecutiva.

Il cervelletto inoltre ha un ruolo molto specifico anche nel controllo del guadagno dei riflessi durante la produzione di sequenze di movimenti, regola cioè l'equilibrio e la stabilità.

L'emisfero cerebellare destro è collegato alle aree sinistre motorie, pre-motorie e temporali deputate alla motricità, fluidità e velocità dell'eloquio; all'efficienza delle prassie e alla scansione temporale.

L'emisfero cerebellare sinistro è collegato con le aree destre motorie e premotorie per l'apprendimento motorio; con le aree parietali per le funzioni visuo-spaziali e, avendo funzioni di ottimizzazione della funzione visiva, è probabile che le abbia anche per quella motoria.

Il cervelletto infatti risulta tra i maggiori responsabili del controllo motorio generale regolandone le tre essenziali dinamiche: il coordinamento motorio, la sequenzializzazione, lo scambio inter emisferico (Crispiani, 2011).

Diverse indagini come quella di Brunswick et al, e le tesi di Nicolson, Fawcett, Dean (1999) riscontrano nei dislessici la minore attivazione del cervelletto, cioè delle funzioni che regolano in sequenza la sinergia sensoriale e motoria costituendo un sistema sincronizzato, anticipativo degli automatismi che risultano fondamentali nei movimenti di ogni tipo: dalle prassie, al moto oculare, alla lettura, scrittura, calcolo scritto e orale, al movimento nel tempo e nello spazio.

Secondo un ragionamento logico funzionale, poiché i deficit di ottimizzazione visiva possono produrre simultaneoagnosia, è probabile che anche i deficit di ottimizzazione motoria producano incoordinazione motoria nell'uso di schemi motori diversi con conseguenze sul piano delle prassie motorie e anche scadente organizzazione per la costruzione delle prassie esecutive e degli automatismi del calcolo scritto, del calcolo orale, del linguaggio verbale, della lettura, della scrittura riducendone le modulazioni anticipatorie.

La triade strategica strutturata da Crispiani (2015): sequenze, sinestesie, automatismi, tende al recupero simultaneo di funzioni di base differenti, prodotte per favorire proprio l'attivazione di processi fra loro paralleli.

Chi scrive ha adottato con efficacia tale metodo (non per il *caso* in esame per motivi logistici) con alcuni aggiustamenti personali sul piano delle sinestesie verbali e motorie.

I processi verbali adottati, simultanei all'organizzazione degli schemi crociati, paralleli o paralleli asimmetrici dinamici (cioè attivati dalla coordinazione dinamica motoria) vengono proposti sincronizzati alla combinazione di sequenze numeriche progressive e regressive, al fine di attivare contemporaneamente, oltre alla motricità, la reversibilità del pensiero, intesa come simultaneognosia e le funzioni di controllo esecutivo integrando aspetti motori-verbali-cognitivi-metacognitivi, dato che il cervelletto, coprocessore della corteccia associativa, stimola la connettività cerebrale e che il pensiero, secondo Piaget (1973), ha origine da azioni interiorizzate.

Quindi, sintetizzando, potrebbero essere valide le seguenti relazioni logiche: la prima in base a quanto affermato da Edelman, per cui il cervello parla a se stesso; la seconda relativa alla fisiologia del SNC; la terza ipotizzata da chi scrive riferita al guadagno applicato ai micro-processi cerebrali, per cui una velocità motoria, pur minima, pianificata dal pensiero, potrebbe risultare efficace alla strutturazione spazio-temporale interna, migliorando la fluidità dei processi sequenziali/simultanei verbali e motori, quindi la correlazione tra cervelletto e corteccia.

Poiché il cervelletto è anche coinvolto nella strutturazione morfo-sintattica-frasale favorendone la corretta sequenzialità, la fluidità motoria della sintassi spazio-temporale potrebbe contribuire ad accelerare la fluenza verbale con un guadagno sulla sua dinamica e su quella di tutte le altre funzioni coinvolte. Da cui si potrebbero dedurre le seguenti relazioni concettuali:

- *pianificazione motoria : grammatica delle azioni (coordinazione motoria dinamica) = sintassi spazio temporale (fluidità-motoria) : fluenza verbale numerica*;
- *azione concreta : pensiero operatorio = inferenza mentale : logica astratta*;
- *cervelletto : destrezza motoria = corteccia : destrezza mentale*.

Da quanto già esposto e desunto da Kant si può dedurre che la grammatica degli schemi crociati potrebbe essere assimilata alle categorie motorie acquisite; mentre la sintassi spazio-temporale agli a-priori della conoscenza.

Da Piaget (1973) si può desumere che la coordinazione dinamica motoria potrebbe essere assimilata alla capacità di coordinare il pensiero nelle sue dinamiche reversibili sia operatorie, che logiche. E, poiché le capacità aritmetiche sono interrelate a quelle del ragionamento e lo sviluppo del concetto di numero è collegato all'elaborazione di gerarchie di classi, mediante generalizzazione di operazioni logiche, potrebbe essere valida anche la seguente relazione:

- *grammatica dinamica degli schemi crociati : reversibilità del pensiero = ragionamento dinamico : alle capacità aritmetiche*.

Concludendo l'analisi dei deficit ancora presenti per il caso in esame, non si può non evidenziare la relazione esistente tra ragionamento induttivo, memoria a breve termine, deficit di automatizzazione, fluidità verbale, attenzione uditivo-verbale, comprensione di immagini spaziali, per le quali funzioni sarebbe anche attiva la circonvoluzione frontale media (BA9). Tale relazione sottolinea la sintesi cognitiva e neurofunzionale unitaria dei complessi deficit presenti.

10. Analisi della variabilità delle prestazioni per la velocità di lettura relative alla classe VII e ai successivi controlli

La velocità di decodifica calcolata a un anno e oltre dalle dimissioni del *caso*, in occasione di una ulteriore valutazione per il rinnovo della certificazione (Legge 170 del 2010), risulta essere nel 2015 di 1,80 sill./sec (+0,35 sill./sec rispetto alla classe VI). Evidenziando contestualmente però, una caduta a −1,5 ds alla comprensione del testo, evento accaduto in precedenza solo in classe VI, dato che per la comprensione verbale e testuale, il *caso* ha da sempre prestazioni nella media, verificata, negli anni, oltre e al di là della somministrazione di test specifici.

Considerando la variabilità della velocità in sillabe al secondo già evidenziata in classe VII (tab. 3, cap. 4) la riflessione logica che emerge è la seguente: tale dinamica potrebbe essere interpretata come lo spostamento negativo di competenze, cioè al miglioramento della velocità di lettura corrisponderebbe un peggioramento della comprensione. Infatti al recupero di +0.31ds alla velocità, il *caso* perde −1.5 ds alla comprensione del testo.

Il miglioramento della velocità di lettura e il contemporaneo peggioramento alla comprensione del testo, secondo il parere di chi scrive conoscendo da diversi anni il *caso* in esame, risultano essere del tutto incongrui sia rispetto alle modalità di lettura solitamente adottate dal *caso*, sia rispetto ai livelli di competenza prestazionali sempre dimostrati alla comprensione del testo.

Si verifica come il raggiungimento di tale velocità di lettura, da definirsi come "innaturale" rispetto alla gravità della dislessia presentata dal *caso*, non abbia in realtà alcun effetto positivo sulle sue effettive potenzialità né a livello cognitivo, né a livello apprenditivo in quanto impedirebbe di effettuare, durante la decodifica, le pur minime anticipazioni mentali possibili anche a un dislessico grave.

Anticipare mentalmente quanto viene decodificato, infatti, rappresenta l'unica possibilità di accedere all'effettiva comprensione del testo, ma anticipare vuol dire fare ricorso a categorie verbali stabili e interiorizzate che permettono di garantire e sostenere la comprensione durante il compito.

Mentre velocizzare "improvvisamente" la decodifica, ma al tempo stesso perdere il significato di quanto letto (evento verificato per diversi casi presso il Centro nel quale chi scrive svolge la propria attività professionale), potrebbe corrispondere ad un fenomeno puramente occasionale riguardante la fisiologia stessa della tecnica decodificatoria attribuibile, forse, all'utilizzo di uno span visivo indubbiamente modificato, che lo stesso Benso (2009) però asserisce essere impossibile se non attraverso un trattamento specifico.

Le valutazioni effettuate evidenziano l'alternanza dei livelli prestazionali rispetto alla velocità di decodifica, sottolineando la variabilità dello span visivo. Infatti ad esso non corrisponderebbero, in ultima analisi, gli effettivi cambiamenti significativi e qualitativi delle strutture interne lessicali e verbali che, permettendo le anticipazioni mentali, sostengono e verificano continuamente durante la lettura sia i livelli di decodifica corretti, che di comprensione del testo.

In altre parole al miglioramento funzionale "transitorio" corrisponderebbe un peggioramento strutturale del sistema lettura inteso nella sua complessità, avvalorando ancora una volta che, per il *caso*, non sono i processi bottom-up a garantire un effettivo miglioramento della lettura, bensì quelli top-down.

La stessa Ripamonti (2016), infatti, afferma che la conquista di adeguate competenze linguistiche nell'ambito della morfosintassi che, nel normolettore permettono di velocizzare la lettura, potrebbero favorire nei dislessici sia la velocità di decodifica, che la comprensione del testo mediante specifiche attività di potenziamento del linguaggio alto.

Se il *caso* riuscisse a leggere le parole (2,50 sillabe medie a parola) con lo stesso tempo sillaba registrato alle parole-numero (0,53 secondi a sillaba) il tempo totale di lettura per parola scenderebbe da 1,64 secondi a 1,32 secondi per una velocità pari a 1,89 sill./sec.

Tale constatazione potrebbe suggerire l'ipotesi della validità di un trattamento riabilitativo da impostare sulla modalità esposta. In seguito si esplicheranno le motivazioni funzionali dell'approccio stesso.

1. Confronto con l'approccio riabilitativo fonologico lessicale per il *caso* in esame

Le prestazioni del *caso* in esame vengono confrontate con quelle ottenute dai dislessici trattati mediante approccio fonologico-lessicale per un anno di trattamento, in quanto risulta essere uno dei metodi più efficaci accreditati.

I dati sono tratti da Ripamonti, Russo, Cividati e Truzoli (maggio 2008). I riferimenti relativi al *caso* sono quelli desunti dall'andamento dalla V alla VI classe secondo i parametri di velocità e di correttezza di lettura per brano, parole, non parole.

Tab. 1 – confronto tra le velocità di lettura tra dislessici trattati con approccio fonologico-lessicale e caso in esame

Rapidità di lettura (sill./sec)					
Fonologico-lessicale		*Caso in esame*		*Differenza*	
Brano	+0,87	Brano	+0,23	Brano	+0,64
Parole	+0,77	Parole	+0,53	Parole	+0,24
Non parole	+0,31	Non parole	+0,31	Non parole	+0,00

Confrontando i dati di Ripamonti (2008) con quelli ottenuti dal *caso* relativamente all'incremento annuo in sillabe al seondo per la rapidità, si deduce che il fonologico-lessicale risulta essere più efficace rispetto alla lettura del brano e delle parole. Mentre per le non parole l'incremento in sillabe al secondo risulta essere lo stesso.

Tab. 2 – Variazione percentuale della correttezza di lettura

Variazione in percento della correttezza di lettura relativa ad un anno di trattamento per il fonologico-lessicale e il caso in esame			
Fonologico-lessicale		*Caso in esame*	
Brano	−50%	Brano	+80%
Parole	−63%	Parole	+0%
Non parole	−42%	Non parole	−57%

Anche per la correttezza quindi i dati relativi alle variazioni percentuali risultano a favore del fonologico-lessicale, sia per il brano, che per le parole.

Mentre, per le non parole, si registra per il *caso* in esame una riduzione degli errori maggiore rispetto al fonologico-lessicale.

Poiché le non parole sia per la rapidità, che per la correttezza risultano scarsamente modificabili se non mediante intervento riabilitativo specifico, le positive prestazioni evidenziate dal *caso* convalidano l'efficacia dell'intervento per il disturbo di apprendimento ai fini della riabilitazione della lettura delle non parole, probabilmente relativa all'evoluzione del processamento fonologico ottenuta mediante lettura e scrittura di cifre.

11. Somministrazione della WISC III alla data del 2014: analisi dei dati

Poiché tale intervento prevede anche il potenziamento cognitivo rappresentazionale come approccio fondante per il recupero dei disturbi dell'apprendimento, si presenta l'ultima somministrazione della WISC-III del 2014 per metterla in relazione alla somministrazione precedente ed evidenziare l'evoluzione del profilo del *caso* analizzato.

Tab. 1 – Punti Ponderati per la scala verbale e di performance

Punti Ponderati			
Scala verbale		Scala di performance	
IN	6	CF	10
SO	8	CR	7
RA	6	SF	13
VC	12	DC	9
CO	10	RO	12
MC	9	RS	10
		LA	10

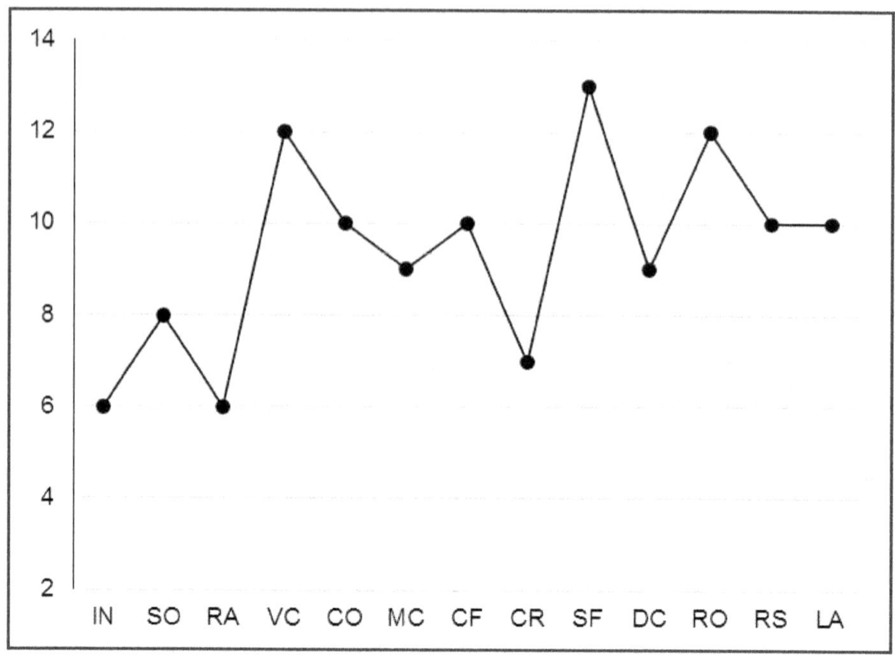

Media PP scala verbale 8,5.
Media PP scala di performance 10,14.
Media scala totale 9,32.
Gamma di dispersione della ds da -1,33 a +1.
Gamma di dispersione PP 7.
Quoziente intellettivo verbale 89.
Quoziente intellettivo di performance 102.
Quoziente intellettivo totale 95.

Quozienti di deviazione fattoriale:
- concettualizzazione verbale 102;
- organizzazione percettiva 106;
- libertà dalla distraibilità 85;
- velocità di elaborazione 91;
- SCAD a −1,32;
- ACID a −2,32.

Fig. 2 – Profilo relativo alle medie delle categorie usate per raggruppare i vari subtest e incrementi percentuali nel 2014 rispetto alla WISC-III (2012), secondo Bannatyne (1974) e Kaufman (1979)

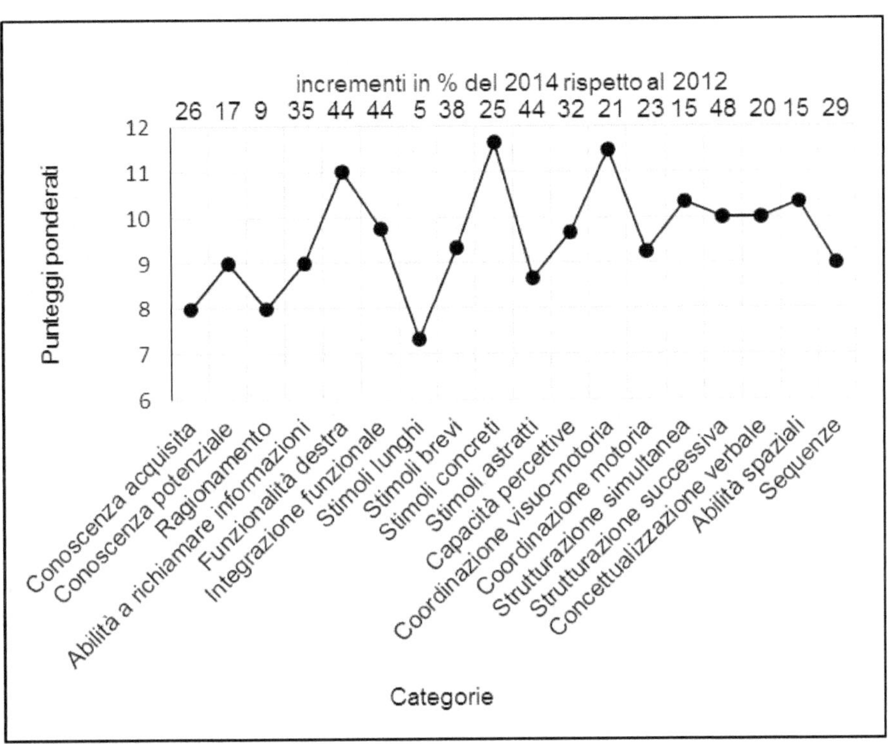

1. Analisi dei Subtest alla WISC-III in rapporto a lettura e ortografia

A conferma di quanto il possesso di una rappresentazione interna stabile possa prefigurare e anticipare, ai fini della lettura, sia la velocità di decodifica, che la correttezza è necessario approfondire il rapporto tra DC e RO.

Infatti RO migliora, rispetto al 2012 del 33%, quindi migliora l'intelligenza intuitiva, cioè la visione globale di un insieme strutturato mediante l'elaborazione simultanea di un significato, che genera la formazione dell'immagine mentale congruente agli stimoli presentati. Quindi per l'esecuzione degli item migliorano il pensiero visivo, l'analisi dei dettagli, la discriminazione delle relazioni spaziali, la progettazione visiva e l'organizzazione dello spazio mediante l'utilizzo del linguaggio interno, permettendo di compiere traslazioni, rotazioni sul piano bidimensionale e ribaltamenti su quello tridimensionale; migliorano anche la velocità esecutiva, la flessibilità mentale, l'uso coordinato delle mani e la coordinazione occhio-mano.

DC invece aumenta solo del 12,5% rispetto alla somministrazione precedente della WISC-III e, dato che tale subtest coinvolge le stesse funzioni cognitive utilizzate per il subtest RO, è consequenziale la riflessione in merito a tale discrepanza tra le prestazioni.

Entrambi i subtest impegnano il pensiero visivo, il ragionamento percettivo, quello spaziale e analogico-induttivo (DC) e analogico-deduttivo (RO), mediante percezione delle forme, analisi visiva, attenzione visuo-spaziale, coordinazione bimanuale, programmazione motoria, pianificazione, verifica e controllo.

È evidente che per RO è la percezione intuitiva e globale delle forme visive a sollecitare l'attivazione di una rappresentazione interna già posseduta dal soggetto per adeguamento alla realtà. È quindi la semantica implicita al significato a richiamare le informazioni e a orientare le azioni mediante pensiero visivo e tentativi successivi.

Per tale compito, quindi, potrebbe essere attiva l'area della corteccia temporo-anteriore destra, cioè la sede della memoria del riconoscimento visivo che faciliterebbe l'accesso al significato. Come avviene di solito quando dalla visione di una scena globale di un film, se ne ricorda immediatamente il contenuto; se si vedesse invece solo un frammento della stessa scena non si potrebbe accedere alla semantica del film stesso.

Invece il subtest DC richiede un impegno più differenziato e analitico dell'efficacia del pensiero visivo, in quanto è necessaria la selezione precisa e puntuale delle singole parti che devono essere assemblate in un insieme complessivo, rispetto al quale il soggetto non possiede alcun riferimento interno stabile.

Sono l'osservazione e la distribuzione sullo spazio (orizzontale, verticale, diagonale) degli elementi visivi a determinare la loro simultanea manipolazione, individuando posizioni e relazioni spaziali interconnesse e, in questo caso, sarebbe attiva la corteccia parietale superiore posteriore destra per i compiti di analisi ed elaborazione visuo-spaziale.

Quindi per DC è il pensiero visivo analitico a permettere l'assemblaggio delle singole parti in un insieme spaziale differenziato ed elaborato in modo astratto. Mentre per RO è il significato implicito allo scopo finale ad orientare il pensiero visivo e l'agire corrispondente; sarebbe quindi la semantica a guidare la sintassi dell'azione, mentre per DC sarebbe la sintassi dell'azione a produrre la semantica.

Poiché sintassi e semantica sono tra loro in relazione biunivoca, mediata per tali subtest dal linguaggio interno, risulta conseguente e logico il rapporto lessico-sintassi e semantica sia sul piano visivo, sia su quello verbale interno.

Anche in questo caso si possono, quindi, ravvedere gli effetti dell'intervento riabilitativo incentrato sul ragionamento e processamento numerico che mettono in rapporto simultaneo l'impegno visivo-lessicale-sintattico e quello semantico, sia attraverso il processamento verbale, attribuendo a ciascuno di essi il proprio valore all'interno della catena numerica, sia attraverso la manipolazione diretta e inferenziale delle cifre all'interno dei numeri stessi, rendendo flessibile l'utilizzo dei dati, la manipolazione di unità informative diverse con miglioramenti paralleli per la decodifica della lettura e la correttezza della scrittura.

Quindi il rapporto tra DC e RO risulta essere analogico al rapporto tra accesso fonologico e quello visuo-verbale-semantico rispetto alla lettura, in quanto il primo prevede analisi differenziate e successive degli elementi costituenti la parola per poter giungere, mediante sintesi, alla lettura. Mentre il secondo accede al significato della decodifica attivando processi simultanei a partire dalla semantica ad essa implicita.

La velocità di lettura alle parole numero è più elevata in quanto il *caso* procede per via visuo-verbale-semantica con un impegno più elevato del III blocco funzionale di Lurija.

Ai fini della lettura inoltre risultano essere significativi i miglioramenti ottenuti ad alcuni subtest e in particolare a MC (+29%); a VC (+50%); a RS (+150%).

L'incremento per MC implica il miglioramento dei meccanismi di decodifica uditivo-verbale delle informazioni, dell'attenzione uditiva, della capacità di mantenere in mente una sequenza verbale e di riorganizzarla in modo ordinato su base temporale, della capacità di inibire interferenze esterne e interne per il potenziamento della concentrazione (sono ovvie le correlazioni con il miglioramento della correttezza ortografica). Migliore risulta lo span inverso perché il mantenimento degli ultimi numeri percepiti rende più efficace la manipolazione dei dati uditivi dei numeri stessi.

Il subtest VC è migliorato rispetto al 2012 del 50% e poiché è ritenuto essere l'indice dell'ipotetico livello di funzionamento generale originario del soggetto, vuol dire che sono migliorate le capacità relative all'organizzazione di conoscenze linguistiche, alla manipolazione di stimoli verbali e di astrazione di significati, oltre alle capacità espressive, comunicative, mediante l'utilizzo flessibile del linguaggio e la contestualizzazione del pensiero verbale (le correlazioni con la comprensione del testo sono ovvie).

Inoltre concettualizzare produce ampliamento del lessico, quest'ultimo incide sulla sintassi che, a sua volta, produce semantica.

Concettualizzare infatti permette al vocabolario di espandersi, alle categorie di estendersi, così il linguaggio diventa preciso e selettivo nella sua funzione definitoria, in grado di comunicare i punti di vista, pensieri, giudizi, valutazioni in base all'età e alle conoscenze possedute.

È probabile che la maggiore attivazione del giro angolare, quindi della concettualizzazione, ottenuta mediante l'approccio cognitivo rappresentazionale abbia prodotto tali effetti positivi sul lessico.

Il subtest CO è rimasto, seppur sempre nella media (10 PP), invariato: a dimostrazione che la struttura morfo-sintattica frasale risulta corretta nel rendere ragione delle risposte agli item del subtest, che le conoscenze generali non sono aumentate rispetto al 2012, che il pensiero deduttivo verbale, espresso da tale subtest, risulta più efficace rispetto ad altre modalità del pensiero induttivo-verbale.

È probabile che siano state anche le relazioni causali tra concettualizzazione-lessico-morfosintassi-semantica, dato che non si è attivato alcun intervento riabilitativo specifico per la disortografia del *caso*, a determinare il consistente miglioramento sul piano ortografico proprio attraverso la via lessicale (dettato ortografico −84% di errori). Oltre ai miglioramenti ottenuti tramite il processamento numerico sul piano della fonologia (dettato di parole −57% di errori, da attribuire al miglioramento della programmazione fonologica e, al dettato di non parole −50% di errori, da attribuire al processamento fonologico).

Che il miglioramento al dettato ortografico sia più elevato rispetto a quello registrato per le parole e non parole, probabilmente, sta a significare che il contesto semantico, la morfo-sintassi, il lessico dotato di senso, elementi impliciti al concetto stesso del dettato di un brano abbiano costituito i fattori trainanti della correttezza ortografica raggiunta utilizzando la via diretta, cioè dal lessico uditivo d'entrata al lessico ortografico in uscita.

È da segnalare inoltre che durante la valutazione effettuata, circa un anno dopo le dimissioni del *caso* (tab. 6, cap. 4), al dettato ortografico si registra una prestazione a −1,5 ds, equivalente e contestuale a quella già evidenziata per la comprensione del testo (cap. 4).

Anche questo dato risulta, a chi scrive, di difficile interpretazione in quanto gli errori commessi sono, per tipologia del tutto differenti dai soliti errori, per altro compensati al termine del trattamento.

Le prove effettuate al dettato ortografico e alla comprensione del testo, risultate entrambe a −1,5 ds, evidenziano la probabile correlazione con un abbassamento prestazionale della concettualizzazione induttiva avvalorando ulteriormente l'ipotesi che sia la concettualizzazione ad orientare, oltre alla comprensione, anche l'ortografia per la vicinanza del giro angolare (BA39) e il giro sovramarginale (BA40). Tale abbassamento inspiegabile non è attribuibile a disagio emotivo poiché, dal punto di vista comportamentale il *caso* non ha più presentato, dopo il cambio di intervento riabilitativo, atteggiamenti di rifiuto al compito richiesto, né al deficit di attenzione uditiva selettiva che recupera 1 ds.

Il subtest RS è migliorato, rispetto al 2012, del 150% dato significativo, poiché è anche considerato una prova di intelligenza generale.

Le funzioni implicate per tale compito sono: attenzione selettiva visiva, discriminazione percettivo-visiva, percezione visuo-spaziale di elementi visivi tra loro simili, orientamento visivo sul piano orizzontale, inseguimento visivo, attivazione della memoria di lavoro visiva, rapidità esecutiva, ragionamento vero/falso e capacità decisionale.

Il subtest CR invece è migliorato rispetto al 2012 solo del 17%, poiché la correlazione con RS è immediata, in quanto entrambi i subtest utilizzano rappresentazioni grafiche di codici astratti da selezionare, riconoscere e, nel caso di CR, da riprodurre anche graficamente: la discrepanza tra le due prestazioni è evidente.

In base alla logica non dovrebbe essere l'interpretazione grafica del simbolo a rendere il compito per CR più difficoltoso, in quanto i simboli contenuti in RS risultano molto più complessi e difficili da discriminare visivamente; né dovrebbero essere la velocità di riproduzione grafica a rallentare l'esecuzione, in quanto il *caso* ha una velocità di scrittura nella media; né la condizione interpretativa-associativa tra rappresentazioni di segni e di numeri, dato che non sono presenti errori e la memoria visuo-spaziale, la percezione visiva, l'attenzione visiva risultano essere nella media (test Corsi prove BVN). Le cause del basso livello prestazionale al subtest CR (7 PP) potrebbero riguardare invece i seguenti aspetti: la simultaneità interpretativa-associativa tra rappresentazioni di segni e di numeri; le interferenze provocate dal continuo spostamento del focus attentivo; il compito meramente esecutivo.

Riguardo alla simultaneità visiva interpretativa di segni/numeri, dato che i numeri in formato arabo vengono decodificati solo a livello occipitale destro e le posizioni spaziali grafiche dalla Corteccia Parietale superiore destra, la condizione interpretativa dovrebbe, per la vicinanza dei circuiti cerebrali, essere favorita.

Per la realizzazione grafica il circuito neuronale attivo sarebbe in realtà più complesso, coinvolgendo aree cerebrali dislocate compreso il *giro* sopramarginale (BA40) che integra funzioni sequenziali, prassiche e visuo-spaziali, ma come già è esposto, non sarebbe la velocità di scrittura a rallentare il processo grafico.

Anche lo spostamento del focus attentivo dovrebbe essere ininfluente, dato che lo stesso RS (10 PP) necessita di spostamenti continui dell'attenzione visuo-spaziale.

La difficoltà principale potrebbe riguardare proprio l'aspetto puramente esecutivo del compito, in quanto esso non implica, al contrario di RS, alcuna interpretazione semantica, dato che richiede un procedimento induttivo di mero assemblaggio segno/numero, ostacolando la stessa semantica e determinando probabilmente nel *caso* asinergia funzionale tra linguaggio interno che pronuncia il numero in modo automatico, e l'esecuzione grafica del segno (BA40) in quanto la rappresentazione grafica non ha nulla a che vedere, trattandosi di segni casuali e non codificati, con l'etichetta verbale (in questo caso interna) che contraddistingue ciascun numero appartenente al compito.

La prestazione a CR risulta essere in contrasto con quanto avviene per SF (+44,4%, la stessa percentuale che si rileva per l'incremento alla integrazione funzionale), per questo subtest, pure visivo e sequenziale, sarebbe la logica linguistica interna a pianificare e a organizzare gli stimoli visivi cogliendone i nessi causali e temporali raggiungendo prestazioni più elevate.

Quindi ancora una volta sarebbero il ragionamento e il significato ad esso sotteso a permettere al caso di accedere a prestazioni migliori.

La verifica di ciò sono i significativi incrementi a RS (+6 PP) e a SF (+4 PP) in quanto per tali subtest la discriminazione visiva non sarebbe un semplice atto percettivo, dato che impegna, mediante linguaggio interno, forme di ragionamento superiore.

Nel confronto RS/CR verrebbe quindi a determinarsi una condizione simile al rapporto già citato tra RO/DC e in entrambi i casi l'uso del ragionamento deduttivo sembrerebbe produrre risposte più efficienti.

Facendo un parallelo con l'acquisizione degli apprendimenti strumentali, si può affermare che probabilmente per il *caso* in esame, l'approccio fonologico iniziale alla lettura e alla scrittura in quanto analitico, sequenziale, parcellizzato, potrebbe aver ostacolato, piuttosto che facilitato, gli apprendimenti delle tecniche già indubbiamente complessi a causa della gravità dei disturbi, protraendoli a lungo nel tempo e non permettendo accessi diretti al lessico ortografico.

Sia lettura che scrittura presentano, infatti, le caratteristiche proprie dell'astrazione mentale; e quando il loro substrato funzionale, per tipologia di apprendimento, poggiasse su prestazioni cognitive di base deficitarie, le difficoltà tenderebbero ad amplificarsi, come l'analisi del *caso* in esame dimostra.

Il subtest SO è migliorato rispetto al 2012 del +14% evidenziando il permanere di una difficoltà specifica a tale compito; poiché esso implica azioni mentali quali: analizzare, classificare, categorizzare, sintetizzare dati linguistici in concetti verbali e in strutture lessicali più generali necessita, oltre che di proprietà di linguaggio, anche dell'utilizzo in forma cognitiva del pensiero induttivo-verbale che favorirebbe la formazione di categorie linguistiche operando inferenze lessicali e semantiche.

Dato che la concettualizzazione verbale registra, rispetto al 2012 un +20%, e il ragionamento un +9%, è chiaro che l'incremento relativo a SO sia contenuto. Inoltre tale subtest è condizionato anche da fattori riguardanti l'intelligenza cristallizzata e le conoscenze generali che, nel *caso*, sono molto ridotte.

Il subtest RA è migliorato solo del 20%, nonostante sia stato il centro dell'intervento riabilitativo. Quantitativamente, come numero di risposte prodotte, la prestazione è identica a quella del 2012; la differenza è data dal livello qualitativo, infatti, il tempo esecutivo si dimezza rispetto alla prestazione del 2102, in quanto viene utilizzata la calcolatrice.

Come si dimostrerà nella seconda parte del testo, però, la riduzione del tempo riguarda prevalentemente gli aspetti relativi alla comprensione dei quesiti, alla loro concettualizzazione, alla scelta operativa d'applicare e, solo in parte, all'uso dello strumento compensativo.

RA attiva oltre a processi di ragionamento induttivo-verbale-numerico, anche forme di ragionamento logico-deduttivo, o di pura intuizione cognitiva, a seconda del tipo di problema da risolvere, in base sia alle caratteristiche mentali di chi affronta il compito richiesto, sia alla tipologia dei quesiti. Necessita ancora di senso del numero, di possesso dell'ordine di grandezza delle quantità rappresentate numericamente, nonché delle operazioni mentali di analisi, confronto, integrazione, manipolazione dei dati verbali-numerici per stabilire relazioni intermodali tra due linguaggi differenti, che veicolano significati in rapporto biunivoco fra loro. Richiede l'organizzazione di rappresentazioni mentali astratte intermedie per inferire relazioni parziali indispensabili alla soluzione dei problemi.

L'applicazione di schemi mentali sottesi e corrispondenti a corretti schemi di calcolo attinenti a conoscenze, regole, principi aritmetici e geometrici; nonché continuo e notevole impegno del sistema supervisore che distribuisce, regola l'attenzione, la pianificazione, l'autoregolazione mediante verifiche costanti e operazioni di controllo.

Essendo il caso in esame un soggetto anche gravemente discalculico, presenta: difficoltà ad acquisire abilità di calcolo, a costruire rappresentazioni mentali interne per l'astrazione simbolica, il ragionamento concettuale, l'acquisizione degli algoritmi del calcolo sia mentali che scritti in assenza di aiuti visivi.

Dato, quindi, l'incremento significativo della funzionalità cognitiva generale (capitolo 10, figura 2): +48% alla strutturazione successiva; +44% all'integrazione funzionale; +44% agli stimoli astratti; è logico pensare che il livello minimo di crescita per RA sia in parte conseguenza attribuibile allo scarso incremento dell'intelligenza cristallizzata, cioè di quella attività della mente condizionata da fattori culturali e dalla familiarità con contenuti specifici. La mediazione culturale sembra aver influito infatti solo in minima parte sulle capacità aritmetiche, che rimangono invariate; sulle capacità a lavorare con stimoli lunghi (+5%); sulla strutturazione simultanea (+15%); sulle abilità spaziali (+15%); sulla concettualizzazione verbale (+20%) dato che, tali capacità, correlano in modo significativo con la specificità degli apprendimenti scolastici (capitolo 10, figura 2).

L'intervento riabilitativo messo in atto incentrato sul ragionamento numerico, processamento numerico, ragionamento aritmetico e geometrico ha permesso la riorganizzazione cognitiva del *caso* in esame, producendo cambiamenti significativi per lettura, scrittura. Mentre al Subtest RA i miglioramenti sono relativi solo alla rapidità della comprensione del testo e della concettualizzazione operativa. Per rilevare e descrivere dati utili alla comprensione delle difficoltà relative al calcolo e al ragionamento aritmetico è necessario dare ragione dei risultati ottenuti alle SPM del gennaio 2015, ricordando che la prestazione alle PM del 2011 collocava il *caso* in esame al 50° centile.

La prestazione del *caso* rispetto al campione normativo non clinico risulta a −0,78 ds; rispetto al campione normativo clinico è a +2,41 ds.

Analizzando i dati delle singole serie risultano essere nella media, se riferite al campione non clinico, sia le prestazioni per la serie A, che per la serie B.

La prima richiede conoscenza globalistica e sincretica di forme orientate nello spazio, mentre la seconda la ricostruzione di strutture visive semplici distribuite sullo spazio.

Per la serie C, sempre per il campione non clinico, la prestazione è a −2 ds; tale subtest rappresenterebbe, secondo Ermentini (nel 1961) la serie più difficile delle SPM.

Implica, infatti, ragionamento astratto e precisamente la capacità di enumerare, senza tenerne effettivamente conto, l'ordine di grandezza di simboli in base a un parametro lineare e a riconoscerne simultaneamente la loro diversa collocazione spaziale mediante intuizione della progressività delle grandezze stesse.

Presentando il *caso* in esame gravi deficit del senso intuitivo del numero, dell'ordine numerico spaziale corretto sulla retta numerica interna, di simultaneità induttiva, è consequenziale la difficoltà a elaborare materiale simbolico visuo-spaziale in funzione della seriazione di grandezze, operando solo su un piano meramente descrittivo-intuitivo.

Invece la prestazione relativa alla serie D si colloca a +0,72 ds per il campione non clinico. Tale subtest implica l'analisi critica e non puramente descrittiva dei parametri che caratterizzano ciascun item, necessita cioè di una valutazione semantica degli elementi mancanti mediante riconoscimento contemporaneo, sia delle variazioni intrinseche, sia delle direzioni spaziali sul piano orizzontale e/o verticale (operazione di inclusione e di orientamento spaziale) mediate dalla logica linguistica interna.

La riuscita a tale subtest conferma, come anche la serie B, che il ragionamento spaziale procede in modo corretto se prevale l'aspetto semantico, in grado di compensare i deficit intuitivi rilevati alla serie C.

La prestazione alla serie E si colloca a −1,58 ds, poiché tale serie implica operazioni mentali e giudizi di somma o sottrazione in senso geometrico-spaziale, la prestazione bassa a tale subtest, correla notevolmente con i deficit di calcolo e con la difficoltà ad acquisire tecniche aritmetiche e algebriche da poter utilizzare in modo automatizzato.

2. Analisi del caso al subtest ragionamento aritmetico (RA) del 2014

Il *caso* in esame presenta: discriminazione uditiva nella media, attenzione selettiva uditiva a −1 ds, comprensione linguistica, giudizi su dati verbali, comprensione sintattica e comprensione generale nella media. Capacità di elaborare il linguaggio verbale mediante concettualizzazione semantica nella media.

Ricordo selettivo immediato a −1,70 ds, e sebbene il ricordo selettivo differito registri +1,25 ds, ciò non corrisponde alla possibilità di recuperare dalla memoria semantica i concetti e le conoscenze aritmetiche necessari alla soluzione efficace dei problemi aritmetici per le carenze relative all'intelligenza cristallizzata.

Le evidenti difficoltà di ordine induttivo-rappresentazionale di cui già si è ampiamente riferito, producono difficoltà ad organizzare le operazioni mentali necessarie alla soluzione dei problemi presentati, quando questi necessitano della manipolazione di rappresentazioni sequenziali astratte. Al test AC-MT di calcolo (2014) tutte le prestazioni sono oltre le −3 ds.

Le consistenti difficoltà relative alla conoscenza numerica e al calcolo mentale rallentano e limitano l'attivazione corretta delle procedure stesse per le quali è indispensabile l'utilizzo della calcolatrice, che pur essendo imprescindibile per i livelli di scolarizzazione raggiunti dal caso, rende tuttavia difficoltosa l'acquisizione corretta del concetto di numero, impedendone la manipolazione consapevole che invece se ne avrebbe durante l'esecuzione, mentale o scritta, delle varie operazioni.

Dato che sono presenti difficoltà di attenzione di uditiva selettiva è indubbio, che la fase di ascolto degli item risulti penalizzata almeno per gli item più complessi, determinando sia una comprensione parziale del testo, sia riducendo la concettualizzazione degli elementi essenziali alla elaborazione complessiva dei dati verbali in rapporto a quelli numerici. Il carico eccessivo di unità informative da tenere in mente contemporaneamente determina, cioè, un deficit di simultaneità per dati astratti verbali e numerici che procedono in modo induttivo per carenze di utilizzo funzionale del secondo blocco di Lurija e deficit di intelligenza cristallizzata.

Probabilmente se gli stessi testi, relativi ai vari item di ascolto, venissero dal *caso* letti autonomamente, la comprensione linguistica risulterebbe adeguata e la prestazione migliorerebbe perché il permanere delle informazioni in formato visivo, renderebbe il ragionamento aritmetico più funzionale alla ricerca dei dati, e all'individuazione di quanto, all'interno del testo, è veicolato in modo implicito mediante inferenze, atte a stabilire correlazioni tra le informazioni in modo più efficace. Infatti la comprensione del testo matematico risulta essere adeguata quando letta autonomamente ed il *caso* è perfettamente in grado di riformularne il contenuto verbale.

Poiché centrale risulta la difficoltà di accesso rapido a rappresentazioni interne per dati simultaneamente complessi e molteplici, ciò giustifica la comparsa della discalculia solo dopo la terza classe della primaria in quanto, fino ad allora, l'elaborazione dei dati numerici teneva conto solo di dati concreti, sperimentabili e manipolabili mediante rappresentazioni grafiche, permettendo la comprensione dei concetti sottesi sia per il calcolo che per i problemi aritmetici. Le difficoltà si sono evidenziate, in tutta la loro gravità, proprio nel momento del passaggio da una fase di manipolazione concreta, alla successiva e intermedia della visualizzazione mentale dei contenuti, per giungere all'astrazione.

Tuttora sono indispensabili, per il *caso*, rappresentazioni grafiche di tipo simbolico per pervenire alla corretta soluzione di problemi sia aritmetici, che geometrici. Tale modalità d'intervento, a supporto della carenza della rappresentazione mentale astratta, ha permesso infatti la formazione di immagini mentali più efficaci, come è verificabile dalle prestazioni ai subtest della WISC-III del 2014 mediante la manipolazione di dati concreti e visivi attraverso il linguaggio interno e dai risultati ottenuti alle SPM del 2015.

Si elabora un possibile modello di analisi del funzionamento di RA ponendolo in rapporto con l'evoluzione del caso. Ciò al fine di poter meglio comprendere eventuali interrelazioni tra i circuiti della lettura e quelli del ragionamento aritmetico, evidenziando nessi condivisibili da entrambe le competenze e verificando l'efficacia del ragionamento numerico sulle capacità di decodifica e di scrittura.

Fig. 3 – Modello funzionale del ragionamento aritmetico per gli item di ascolto applicato al caso in esame

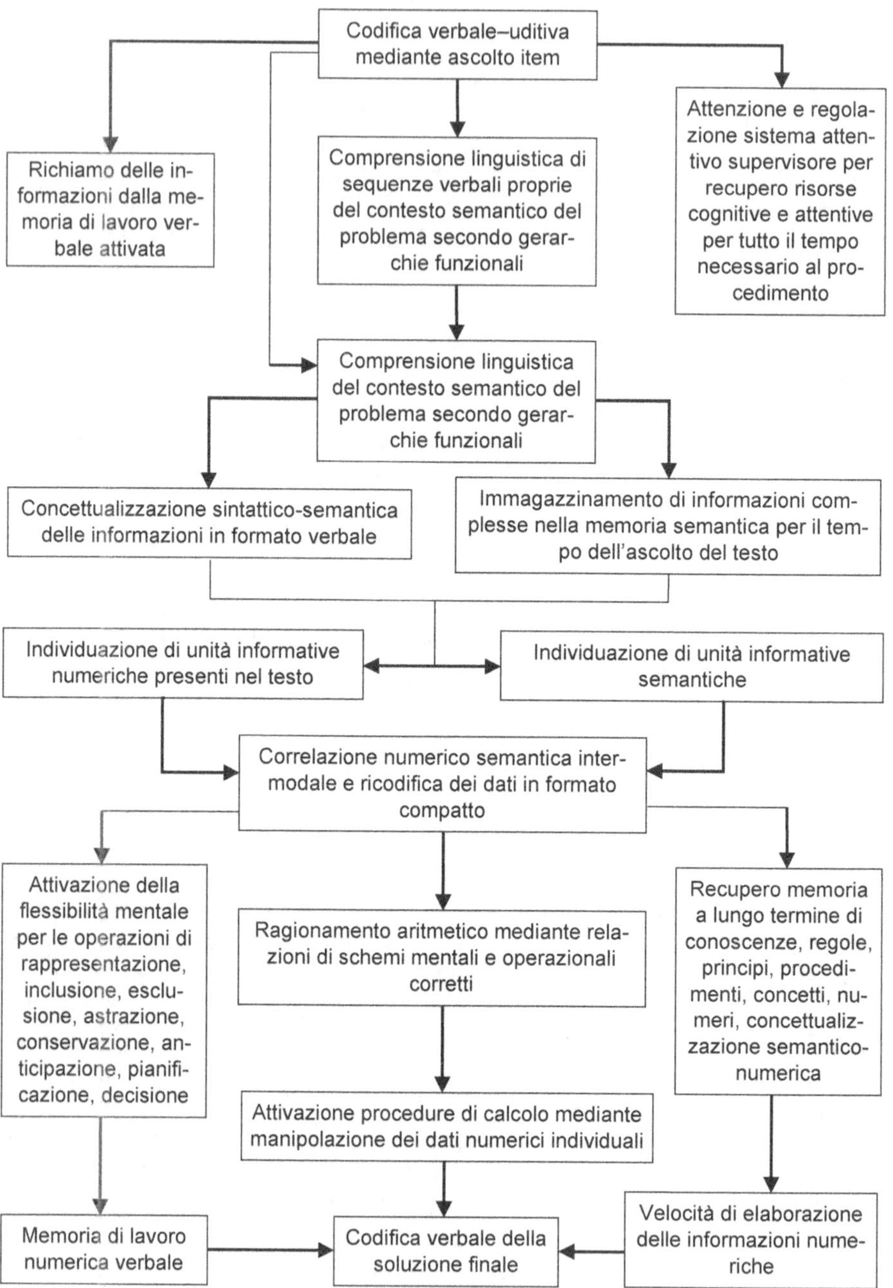

12. Ragionamento aritmetico, dati numerici e loro elaborazione neuropsicologica nel discalculico

Il ragionamento aritmetico presuppone una adeguata capacità di calcolo e di manipolazione di dati numerici, cioè, il senso intuitivo del numero e della sua rappresentazione su una retta interna immaginaria numerica secondo l'ordine di grandezza, come sostiene Dehaene (2015).

Ciò implica la capacità di rappresentazione interna di tale spazio, specifico per ogni insieme numerico, mediante visualizzazione dei singoli numeri e la possibilità di elaborarli trasferendoli lungo un percorso rappresentato mentalmente (sistema parietale destro).

Rappresentazione e manipolazione verrebbero ad essere operazioni simultanee rese possibili dalla reversibilità del pensiero, per cui anticipazione e retroazione sarebbero compiute in un unico atto mentale. Le analogie con il consistente deficit rilevato per il *caso* in esame allo spoonerismo fonologico sono implicite (sistema parietale destro).

La visualizzazione, a sua volta, determina l'orientamento e la posizione delle singole cifre rispetto alle altre ed essendo la retta dei numeri una immagine interna e non avendo referenti concreti, scaturisce unicamente dalla capacità ad essere rappresentata mediante astrazione.

Si può ritenere possibile che, soggetti con minineglet visivo per la lettura possano anche avere le medesime difficoltà, forse più accentuate nel proiettare, su uno spazio mentale interno percepito in modo anomalo, la successione numerica corretta e abbiano, quindi, anche consistenti difficoltà nello spostamento, sempre immaginario, delle cifre lungo l'asse mentalmente mal posizionato per alterata rappresentazione della strutturazione spaziale interna.

Tale riflessione potrebbe apparire discrepante con quanto affermato precedentemente, rispetto al *caso*, sulla sua capacità di percepire ed elaborare, in modo adeguato, le diverse direzioni spaziali (SPM 2015); in effetti non avendo problemi di discriminazione e possedendo una adeguata capacità di ragionamento percettivo-visivo su dati concreti presenti, riesce ad accedere ad elaborazioni anche astratte quando però essi sono dotati di significati intrinseci.

Altro è, invece, lo strutturarsi della proiezione interna di uno spazio numerico, anche semplicemente lineare che deve essere immaginato a priori, indipendentemente dalla realtà esterna.

La corretta identificazione della posizione delle cifre procede man mano che si strutturano il concetto di numero e la conoscenza numerica in base ad operazioni di inclusione ed esclusione, in quanto un determinato numero riassume tuti i suoi antecedenti e contemporaneamente esclude tutti i successivi; e la sua rappresentazione, sia interna che esterna, implica la denominazione lessicale delle cifre arabe corrispondenti. Al caos grafemico del dislessico corrisponde il caos numerico del discalculico per il quale spazio e tempo, cioè ordine posizionale delle cifre e quantità rappresentazionale si confondono, ostacolando l'organizzazione del sistema di calcolo.

Il numero diventa sia una astrazione lessicale che concettuale, poiché è la rappresentazione complessa di quantità simboliche e compatte in formato arabo. Diventa anche astrazione spaziale quando la sua manipolazione numerica viene effettuata mentalmente durante il calcolo orale; diventa rappresentazione spaziale nel calcolo scritto perché necessita di precise regole appartenenti alla sintassi delle operazioni e alla ortografia dei numeri.

Infatti la rappresentazione in formato arabo dei numeri procede in modo complesso, in quanto i valori posizionali rappresentano le differenti appartenenze categoriali delle singole cifre in base alla complessità numerica trascritta.

Viene così a determinarsi una discrepanza tra quanto espresso numericamente dalle cifre e quanto pronunciato lessicalmente, come se si trattasse di una lingua in formato opaco; ciò è dimostrato dagli errori di lessicalizzazione per la scrittura autonoma dei numeri e la loro trascrizione mediante dettato di cifre, poiché essi rappresentano lo scarto esistente tra il senso lessicale del numero e la sua rappresentazione scritta su base sintattico-categoriale.

Quindi lettura e scrittura dei numeri presuppongono, oltre alle già menzionate forme, un ulteriore astrazione di natura sintattico-categoriale. È ovvia, quindi, la deduzione che operare con i numeri non può che favorire molteplici processi di astrazione mentale, di logica numerica, di logica linguistica, di reversibilità del pensiero, di integrazione emisferica.

Inoltre il linguaggio numerico è molteplice in quanto ogni insieme ha proprie caratteristiche lessicali, sintattiche, semantiche e relazioni numeriche specifiche che, seppur basate sulle quattro operazioni fondamentali, si differenziano notevolmente nelle loro simbolizzazioni grafiche e concettuali. Sono attivi cioè linguaggi diversi all'interno di un contenitore comune: i numeri razionali vengono rappresentati e si comportano diversamente da quelli naturali, o da quelli relativi.

Le espressioni numeriche hanno grammatiche simili, ma ortografie differenti a seconda dei numeri che rappresentano, quantificano, declinano.

Per avere accesso ai concetti matematici è indispensabile possedere la specificità del concetto di numero per i vari insiemi numerici, nonché il loro ordine di grandezza all'interno di ciascun insieme.

Per il discalculico ciò risulta essere indubbiamente complesso, in quanto possiede un concetto puramente linguistico del numero, ma non quello logico-rappresentazionale sottostante.

Il simbolo lessicale utilizzato non è sufficientemente integrato alla logica rappresentazionale quantitativa che rappresenta, dato che il concetto di numero si può definire come l'astrazione di una astrazione.

Il discalculico, per deficit al sistema parietale che presiede al calcolo, tende a utilizzare i numeri come mere etichette verbali, prive cioè del contenuto numerico corrispondente, per cui alla concettualizzazione verbale non riesce a far corrispondere la concettualizzazione numerica; alla sintesi verbale quella numerica; alla comprensione verbale la comprensione simbolica delle operazioni aritmetiche da attivare; all'immagine mentale la rappresentazione astratta del numero; alla strutturazione frasale-verbale la strutturazione elaborativa di sintesi formale.

Analizzando i contenuti del pensiero si potrebbe declinare quanto espresso mediante la seguente relazione concettuale:

concetto verbale : lessico = concetto numerico : numero;

si può comprendere quindi come il lessico possa sostituire il numero mediante etichetta verbale, ma non la sua rappresentazione concettuale, logica e astratta (esempio fatto alla WPPSI nel cap. 4).

Infatti il concetto verbale e/o numerico viene appreso per contesti semantici pregnanti; il primo viene acquisito spontaneamente dal bambino per full-immersion affettivo relazionale, è per tale motivo che, nel circuito neurolinguistico sia attivo anche l'ippocampo (area limbica: emozionale-motivazionale) in particolare per le nuove parole da acquisire e per il richiamo delle informazioni dalla memoria.

Il secondo, cioè il numero, pur avendo una base genetica forse più definita nell'immediatizzazione delle quantità necessita, per essere acquisito come concetto rappresentazionale, di apprendimento relazionale specifico mediante insegnamento. Anche in questo caso all'interno del circuito cerebrale del numero sarebbe attivo l'ippocampo per l'affronto delle novità. Quindi è comprensibile che l'insuccesso scolastico per la matematica possa contribuire a determinare ansia da prestazione, dato che l'ippocampo appartenendo al sistema limbico può condizionare negativamente lo stato emotivo durante l'esecuzione dei compiti richiesti.

Mentre il linguaggio verbale nasce e tende a consolidare legami affettivi positivi, il linguaggio matematico per la sua complessità, tende a provocare ansia da prestazione nei discalculici e non solo.

Il testo del quesito matematico implica di per sé, necessitando di integrazione emisferica, di tempi elaborativi non simultanei, poiché implica analisi delle unità informative in esso contenute per programmare e pianificare, mediante linguaggio interno le operazioni individuate le quali, a loro volta, presuppongono logiche esecutive differenti, dettate dalla singolarità delle diverse grammatiche che rappresentano.

Per la fase di ascolto durante la somministrazione del subtest RA, al tempo verbale della domanda corrisponde la comprensione totale o parziale del quesito. In quest'ultimo caso essa potrebbe essere interpretata sia la conseguenza di una caduta attentiva, per interferenze interne o esterne al soggetto in valutazione, sia come deficit di comprensione del contenuto rappresentazionale implicito al piano concettuale numerico.

La caduta attentiva può essere intesa sia in relazione alla quantità verbale del contenuto espresso e quindi essere di ordine quantitativo; oppure potrebbe riguardare la complessità della domanda stessa e quindi essere di ordine qualitativo, in tal caso, il deficit della risposta sarebbe un deficit di conoscenze. Anche se, come già esposto, le due variabili risultano fra loro dipendenti, in quanto è difficile prestare attenzione rispetto a ciò che non si comprende.

La modalità riabilitativa adottata mediante approccio cognitivo-rappresentazionale utilizza, come strumento alternativo, la rappresentazione grafica del concetto verbale (insito al testo matematico) al quale è sotteso quello numerico, nell'intento di potenziare la funzione del linguaggio verbale interno qualora quest'ultimo non fosse sufficiente a interpretare le concettualizzazioni logico-rappresentazionali numeriche, sicuramente deficitarie nel discalculico.

Le rappresentazioni grafico-visive utilizzate necessitano di essere chiare, univoche, simboliche, essenziali.

Quindi si potrebbe ipotizzare quanto sinteticamente espresso mediante le seguenti relazioni concettuali:

a) concetto verbale matematico : rappresentazione grafica =
concetto numerico: astrazione mentale;
b) concetto verbale : lessico =
concetto numerico : linguaggio interno;
c) astrazione mentale : linguaggio interno =
linguaggio interno : lessico verbale.

Infatti se la logica numerica è l'astrazione di una astrazione, in quanto costruita sul linguaggio verbale e sul linguaggio interno, necessita per il *caso*, di essere sostenuta nella sua elaborazione da forme visive concrete di rappresentazione, utilizzando il circuito neurolinguistico delle immagini visive.

La loro rappresentazione passa direttamente dalla corteccia visiva al *giro* angolare prima, successivamente all'area di Wernicke e mediante il fascicolo arcuato all'area di Broca, quindi alla corteccia motoria per la verbalizzazione.

Poiché il giro angolare elabora, anche metafore verbali, la sua attivazione mediante associazioni visuo-verbali, potrebbe favorire la transcodifica in elaborazioni concettuali numerico-spaziali. Tali modalità elaborative implicano l'utilizzo, per la fase analogico-interpretativa, del linguaggio interno (aree opercolari sinistre) con un guadagno sul potenziamento del lessico verbale (VC +50%).

Questo renderebbe ragione dell'efficacia dell'intervento cognitivo-rappresentazionale incentrato sul processamento e sul ragionamento numerico, sul potenziamento di forme analogico rappresentazionali-numerico-spaziali, le quali potrebbero favorire un migliore funzionamento intellettivo, rendendolo flessibile e modificabile. La concettualizzazione, nelle sue diverse forme, permette infatti, al sistema cognitivo di organizzarsi compensando in parte i deficit, innalzando i punti di forza, attivando processi positivi su tutta la strumentalità di base e di conseguenza sull'autostima personale.

Il *caso* in esame registra alla WISC-III del 2014 +21% di concettualizzazione verbale, passando da un QI di deviazione fattoriale di 84 a uno di 102.

Più 18% per il quoziente di deviazione fattoriale di organizzazione percettiva passando da 90 a 106, compensando quindi i deficit e potenziando i punti di forza.

1. Il circuito cerebrale del calcolo e le sue possibili connessioni con discalculia e dislessia

Il solco intraparietale destro rappresenta il sito chiave della codifica numerica, il modulo della rappresentazione non verbale e astratta della quantità e del rapporto tra i numeri stessi.

È attraverso tale area che si è in grado di cogliere relazioni numeriche procedendo per valutazioni approssimative e progressive.

Il solco intrapareitale è funzionalmente e anatomicamente distinto in due aree: LIP (intrapareitale laterale) e VIP (intrapareitale ventrale). La prima regione funziona come meccanismo accumulatore delle quantità e delle numerosità, estrae cioè informazioni numeriche approssimative dallo stimolo sensoriale percepito visivamente collegandole alla cognizione numerica globale.

La seconda, cioè la VIP, riceve informazioni dalla LIP, processa in modo selettivo e preciso i numeri mediante esattezza del calcolo, secondo i principi della cardinalità del numero.

Il sistema parietale superiore destro (PSLP) è un'area specifica del dominio dei numeri, risulta attivo nelle operazioni di calcolo e, in quanto responsabile dell'attenzione spaziale, svolge un ruolo centrale per i compiti visuo-spaziali. È attivo anche per compiti che richiedono manipolazione di numeri, confronto numerico, approssimazione, conteggio, compiti di sottrazione.

Il lobo parietale inferiore destro è il luogo dell'immediatizzazione, cioè del riconoscimento immediato e automatico di quantità numeriche ridotte, ed è parte del circuito dedicato al riconoscimento della posizione degli oggetti nello spazio. E' attivo anche nel controllo dei movimenti della mano, in una zona differenziata dalla prima, per cui il collegamento tra le due aree realizza un ampliamento della rappresentazione neuronale della numerosità (Dehaene).

Secondo Butterworth (1999) un non efficiente collegamento tra le due aree produce una scadente rappresentazione dei numeri nel cervello, con conseguenze sul piano del conteggio e del calcolo mediante l'uso delle dita. Queste risultano essere le prime modalità di approccio, da parte del bambino, ai numeri mediante configurazioni diverse da quelle verbali.

Una difficoltà nell'uso selettivo delle dita può, quindi, influire sulla correlazione fra controllo motorio e rappresentazione numerica.

Il senso intuitivo del numero è attivo nel solco intrapareitale destro, il quale è connesso alla più ampia regione parietale posteriore, responsabile oltre che dell'attenzione visuo-spaziale, anche del senso dello spazio e della sua interpretazione astratta mediante l'elaborazione di traslazioni, rotazioni, ribaltamenti, cioè della manipolazione bidimensionale e tridimensionale delle direzioni e posizioni spaziali.

Il lobo temporale sinistro è l'area deputata all'elaborazione linguistica dei numeri, a recupero dei fatti numerici, alla semantica verbale dei concetti numerici acquisiti dalla memoria.

Non esiste una via diretta tra la forma visiva del numero e la sua corrispondente forma verbale, tali sistemi possono scambiarsi informazioni solo mediante vie di transcodifica tra il solco intrapareitale destro, attivo per l'elaborazione del concetto numerico astratto, e l'area del linguaggio che produce verbalmente il lessico numerico.

L'approccio lessicale al numero, per soggetti con buone capacità verbali, di comprensione sintattico-semantica e memoria di lavoro verbale adeguata, anche in presenza di eventuali deficit al sistema parietale superiore destro (PSLP), permette una compensazione delle difficoltà relative al calcolo, in quanto tali soggetti accedono, facilmente, alla corretta codifica lessicale del numero e dei concetti numerici mediante manipolazione linguistica per l'interiorizzazione delle procedure dei calcoli e dei fatti numerici. Infatti l'adeguato funzionamento del giro angolare sinistro (BA39), collocato nella corteccia associativa parieto-temporale-occipitale, in prossimità del bordo superiore del lobo temporale e immediatamente posteriormente alla circonvoluzione sopra marginale e connesso alle regioni prefrontali inferiori e frontali omolaterali, al nucleo caudato, alla circonvoluzione paraippocampica e all'ippocampo, sarebbe coinvolto nei processi linguistici legati al ragionamento aritmetico e al calcolo esatto; alla cognizione spaziale e all'attenzione spaziale mediata dal linguaggio; alle funzioni linguistiche complesse quali lettura, scrittura, comprensione del testo, nonché al mantenimento della consapevolezza di sé.

Quindi il buon funzionamento del giro angolare sinistro e del sistema parietale sinistro potrebbero compensare, in soggetti con buone competenze verbali, i deficit prettamente legati alla visualizzazione ed interpretazione dello spazio, e svolgere funzioni analoghe alla PSLP destra in relazione all'attenzione spaziale e al ragionamento verbale numerico astratto, compensando in parte eventuali forme di discalculia.

Invece per richieste di calcolo puramente astratto, alcune forme di discalculia rimarrebbero tali, in quanto sarebbero la conseguenza delle basse capacità di astrazione numerica pura, cioè priva di quei referenti verbali che quantificano, esprimono valori semantici e rappresentazionali della cognizione del numero e della simbologia astratta che interpreta i diversi contesti semantici.

Tale deficit è dovuto ad un malfunzionamento della PLSP destra.

Al contrario, quando invece il malfunzionamento dovesse riguardare solamente il giro angolare sinistro e la PSLP destra dovesse risultare indenne, le capacità a manipolare numeri, operare confronti numerici, approssimazioni numeriche, operazioni di conteggio etc. risulterebbero adeguate; mentre potrebbero essere presenti forme di dislessia con difficoltà di decodifica e di comprensione del testo matematico rallentandone la risoluzione.

Queste considerazioni potrebbero rendere ragione del fatto che, quando il nucleo intuitivo del calcolo è funzionante, anche nei casi in cui dovesse essere presente dislessia, il calcolo risulterebbe preservato e, a volte anche potenzialmente alto. Mentre, quando oltre a possibili deficit del solco parietale e della PSLP destra, quindi del senso intuitivo delle quantità numeriche e delle aree di interpretazione dello spazio, si dovessero registrare anche deficit a carico del giro angolare di sinistra, si potrebbero evidenziare casi comorbidità dei disturbi.

Nel *caso* in esame, nonostante i miglioramenti ottenuti permangono ancora evidenti difficoltà di decodifica; di calcolo; di ragionamento aritmetico e di disortografia (compensata quest'ultima prima delle dimissioni) a causa della gravità e comorbidità dei disturbi presenti.

Il miglioramento del ragionamento aritmetico è possibile solo quando vengono attivate compensazioni visivo-rappresentazionali che permettono di attivare aree interne integrative, compresa quella del linguaggio interno, mediante plasticità neuronale.

Una di queste regioni è la corteccia prefrontale sinistra che sarebbe in grado di garantire spazi di rappresentazione interna, forse meno analitici della PSLP, per tutto ciò che viene rappresentato graficamente e spazialmente, mediante ragionamento percettivo-semantico e decisionale.

Tale regione, essendo a sinistra, sarebbe collegata ai vari centri del linguaggio e sarebbe anche attiva nel calcolo per il mantenimento dei risultati intermedi; è quindi possibile dedurre una eventuale condivisione neuronale per compiti, apparentemente differenti come lettura, calcolo, scrittura, ragionamento, quando questi condividono la necessità di accedere a forme rappresentazionali interne per elaborare dati grafici, ortografici, immagini, relazioni spaziali, relazioni logiche.

In quanto area prefrontale risulta indenne rispetto ad eventuali disconnessioni posteriori del corpo calloso; permettendo scambi interemisferici più efficaci per tutti i processi di ordine cognitivo superiore, risultando potenziabile mediante forme di ragionamento verbale, numerico, spaziale di stimoli astratti; come confermato, per il *caso* in esame dalle prestazioni alle SPM del 2015 (−0,78 ds per il campione non clinico); alle categorie della WISC-III del 2014 +44% per gli stimoli astratti; +20% di concettualizzazione verbale; +9% di ragionamento.

La verifica del +20% al subtest RA e del +20% di concettualizzazione verbale potrebbe confermare che, per il *caso* in esame, la concettualizzazione numerica avviene su base strettamente linguistica per discalculia generale.

Parte II

Possibile diversa interpretazione dei dati alla WISC-III del 2012 e a quella del 2014 per il *caso* in esame in base al differente modello interpretativo ipotizzato

13. Inquadramento teorico del modello ipotizzato

È innanzitutto necessario esporre un possibile inquadramento teorico di riferimento, per l'interpretazione di seguito ipotizzata.

Questa viene costruita mediante sintesi concettuali trasversali a diverse discipline scientifiche, in quanto adatta aspetti della teoria piagetiana dell'intelligenza; applica principi traslati dall'ambito della fisica; utilizza l'interpretazione neuropsicologica di Lurija; introduce nuovi concetti nella forma del pensiero in una ottica innovativa. Ciò risponde all'intenzione di avviare una nuova metodologia per l'individuazione delle funzioni cognitive sottostanti l'atto mentale, tenendo conto non solo dei dati quantitativi (PP), ma rilevando le modalità con le quali le diverse funzioni interagiscono fra di loro durante lo svolgimento dei compiti previsti alla WISC-III.

Tale modalità interpretativa si caratterizza come prassi unicamente qualitativa, in funzione della singolarità e unicità del *caso* in esame.

Dalla teoria piagetiana vengono desunti alcuni principi di base per l'organizzazione del pensiero quali:

→ la coordinazione degli schemi cognitivi;

→ la reversibilità del pensiero.

Dall'ambito della fisica trasla e applica alcuni concetti quali:

→ carichi di Lavoro;

→ valori delle potenze mentali;

→ energia mentale;

→ assorbimento;

→ dissipazione;

al fine di cogliere gli aspetti cognitivi intra-individuali e qualificarne l'andamento funzionale in determinati momenti della vita del *caso* oggetto dello studio.

Dall'interpretazione neuropsicologica di Lurija viene utilizzata la strutturazione dell'attività cerebrale in tre blocchi funzionali deputati alla preselezione degli stimoli, alla costruzione delle gnosie, alla realizzazione delle funzioni di ordine superiore.

Vengono introdotti nuovi concetti quali:
→ sinergia funzionale;
→ dinamica della sinergia funzionale;
→ asinergia funzionale;
→ disprassia funzionale del pensiero.

Vengono inoltre rivisitate alcune definizioni delle svariate forme del funzionamento mentale.

14. L'organizzazione della mente e del pensiero all'espletamento dei compiti alla WISC-III in base al modello ipotizzato

La *coordinazione degli schemi cognitivi* è il presupposto indispensabile all'utilizzo di uno schema integrato successivo al fenomeno dell'apprendimento. Riguarda la tecnica ad esso sottesa e applicata ad un processo esecutivo che, nel tempo, diventa automatico mediante esercizio. E' espressione delle organizzazioni preesistenti relative al primo blocco e alle funzioni di base del secondo blocco funzionale di Lurija.

L'apprendimento della tecnica diventa meccanismo automatizzato, quando la coordinazione degli schemi cognitivi implicati si attiva simultaneamente al processo esecutivo con un dispendio minimo di risorse mentali, di bassi livelli di interpretazione, di richiamo delle informazioni dalla memoria, di concettualizzazione, in quanto tali funzioni risultano implicite al processo esecutivo stesso.

L'attivazione ridotta delle risorse mentali permette di rendere maggiormente efficace l'anticipazione mentale e la velocità esecutiva, come nel caso della lettura, liberando le funzioni cognitive superiori e attivando la coordinazione di ulteriori schemi simbolici molto più sofisticati: astrazione, comprensione, manipolazione di informazioni, formazione di nuovi concetti, ordinandoli in sequenze spazio-temporali in funzione di uno scopo.

La *reversibilità del pensiero* è data dalla possibilità di accedere a schemi mentali, progressivamente acquisiti o autonomamente costruiti, tramite interpretazione delle informazioni e delle concettualizzazioni. La manipolazione dei dati verbali o visivi che ne scaturisce, permette di mantenere invariate e costanti le informazioni intermedie necessarie alla costruzione della risposta finale, perché le operazioni di anticipazione e retroazione risultano essere simultanee.

Il pensiero, mediante reversibilità, utilizza i dati per definirli e organizzarli, cogliendo le relazioni esplicite oggettive, quelle implicite e sottese, quelle desunte mediante confronto di relazioni, tenendo in mente contemporaneamente sia il singolo elemento, che la totalità delle informazioni verbali e/o visive.

Il nuovo concetto introdotto è quello di *sinergia funzionale* la quale è data dalla coordinazione dinamica degli schemi cognitivi di base e di quelli di ordine superiore ed è assicurata dal corretto funzionamento dei tre blocchi di Lurija.

Il primo blocco è deputato alla registrazione dello stimolo uditivo e/o visivo e alla sua preselezione. Il secondo blocco registra, disseziona, assembla, scompone, ricompone, analizza, recupera informazioni, elabora funzioni diverse in relazione al dato esterno da interpretare. Mentre il corretto funzionamento del terzo blocco di Lurija permette la trasformazione delle informazioni, dei concetti, delle conoscenze, delle semantiche differenti; avvia i processi di astrazione secondo modalità ordinate nel tempo e nello spazio.

La *asinergia funzionale*, altro nuovo concetto introdotto, rappresenta quantitativamente la distanza delle potenze mentali delle singole categorie, dal valore della potenza mentale media e qualitativamente corrisponde a due fenomeni differenti di seguito espressi.

Può essere, infatti, funzionale alla riuscita del compito per le caratteristiche proprie della flessibilità della mente, in grado di richiamare risorse da altre funzioni, quando eccedenti rispetto alla dinamica del pensiero messa in atto.

Può altresì rappresentare il deficit di una funzione rispetto alle altre utilizzate e, quindi, evidenziare *disprassia funzionale* alla dinamica delle funzioni rispetto all'atto cognitivo alla WISC-III.

La *dinamica della sinergia funzionale* che ne consegue, è data dal valore percentuale delle potenze mentali di ciascuna categoria, calcolato sulla costruzione della risposta (F) ad ogni singolo subtest. Allo scopo di evidenziare sia l'effetto dinamico della flessibilità della mente, sia la presenza di eventuali limiti alle categorie.

Tali limiti evidenziano o deficit strutturali alle categorie di base: attenzione, programmazione, memoria; o limiti funzionali alla dinamica del pensiero: interpretazione, concettualizzazione, costruzione della risposta e/o limiti transitori recuperati dall'intervento riabilitativo attivato.

Viene quindi utilizzata in senso longitudinale per valutare, mediante scarto percentuale, gli incrementi o decrementi analizzati alle singole categorie dall'anno 2012 al 2014, la qualità dei limiti evidenziati, l'efficacia dell'intervento riabilitativo per le funzioni che lo riguardano.

L'*astrazione verbale e/o visiva* mediante concettualizzazione e uso della flessibilità mentale diventa capacità di ragionare per ipotesi categoriali, utilizzando procedimenti mentali logici, analitici, induttivi, deduttivi, sintetici.

Per i dati verbali la rappresentazione mentale interna è necessariamente astratta, in quanto la parola è già di per sé concetto e non ha bisogno di ulteriori rappresentazioni interne per immagini, in quanto essa è già la rappresentazione astratta di una realtà concreta.

Nei quesiti più complessi che richiedono la costruzione di schemi verbali e di pensiero più articolati, come per esempio per RA, la comprensione linguistica per essere più puntuale necessita della corretta costruzione spazio-temporale dei contenuti, dell'interpretazione categoriale, della costruzione delle inferenze al fine di pervenire alla risposta verbale. L'astrazione diventa, quindi, la capacità di ragionare su dati verbali per ipotesi categoriali mediante sinergia funzionale, costruendo processi simbolici e integrando concetti verbali e numerici.

Il *pensiero deduttivo-semantico* esprime la capacità di desumere dalla sequenza di elementi, eventi, dati rappresentati concettualmente, le relazioni, logiche, le gerarchie categoriali ad esse implicite. Compie sintesi intermodali. Anticipa semantiche parallele e integrative ai dati sui quali opera mediante il funzionamento nel terzo blocco di Lurija. Diventa pensiero produttivo/creativo quando rende possibile la traslazione di schemi concettuali da un sistema di riferimento ad un altro. Utilizza una modalità di pensiero originale ed economico, estraendo gli schemi essenziali, i dati sintetici, i concetti utili e funzionali ad essere applicati a modelli alternativi. Dà origine a processi esecutivi diversi, sinergici e puntuali per avviare nuove soluzioni ai quesiti posti dalla WISC-III. È espressione simultanea di intelligenza cristallizzata, fluida, produttiva.

Il *pensiero induttivo* necessita, utilizzando operazioni mentali analitiche che hanno il loro substrato sulle funzioni elaborative di base, di una buona organizzazione del II blocco di Lurija.

Effettua analisi intermodali integrando percezione, discriminazione, attenzione, memoria.

Compie operazioni di anticipazione mentale di stimoli astratti verbali e non verbali, tramite interpretazione di dettagli e significati parziali.

L'*anticipazione mentale* può essere assimilata al concetto di intuizione anche se non ne esaurisce la denotazione, infatti, può essere attivata sia per mancanza di interpretazione e concettualizzazione efficaci, cioè, anticipando la risposta in modo casuale, in quanto carenti risultano le possibilità di comprensione dei contenuti reali mediante ragionamento logico. Oppure può essere attivata per effettiva anticipazione dei processi cognitivi, poiché si è in grado, dinamicamente, di accedere alla soluzione del quesito eliminando passaggi intermedi quando superflui, mediante Intelligenza fluida.

L'anticipazione mentale dipende dalla comprensione di una serie ordinata di fatti, eventi, dati; nel caso del protocollo verbale alla WISC-III si attiva già durante l'ascolto delle richieste. Diventa pura intuizione quando è indipendente dalla comprensione di una serie ordinata di elementi, ma procede in modo improvviso durante l'analisi degli elementi linguistici e/o visivi, permettendo di giungere ad una sintesi sovraordinata, che supera la somma degli elementi analizzati per produrre la risposta.

15. Applicazione dei concetti desunti dalla fisica alla WISC-III

Per assimilare i concetti desunti dall'ambito della fisica alla WISC-III è necessario rendere ragione dell'atto cognitivo attivato per l'espletamento dei compiti del test, ponendolo in correlazione a tali concetti interpretativi.

Si tratta, infatti, di un atto cognitivo complesso che attiva simultaneamente diverse funzioni mentali, la cui integrazione predispone, avvia, organizza forme differenti di pensiero verbale e/o visivo.

Implica, cioè, un carico cognitivo rappresentato sia dalla quantità e qualità delle informazioni in entrata, sia dall'attivarsi della mente nel reagire alla complessità dei requisiti in modo dinamico, sinergico, flessibile. Ciò determina, per sintesi, il concetto di *carico di lavoro* (CdL).

La *potenza mentale* rappresenta il carico di lavoro cognitivo compiuto nell'unità di tempo; esprime l'attivazione delle risorse mentali, in base alle effettive potenzialità del *caso* in esame, necessarie alla costruzione della risposta verbale e/o di performance.

L'*assorbimento* è quel fenomeno per cui una frazione di energia, che incide su un corpo, viene da esso trattenuta. Può quindi rappresentare la dinamica dell'apprendimento stesso che produce, quando efficace, nuove e stabili connessioni neurali.

La *dissipazione* può essere intesa come quel fenomeno per cui il sistema perde parte dell'energia, convertendola in una forma che non può essere sfruttata per il potenziamento dei processi interni. Rappresenta per il *caso* in esame il fenomeno degli errori o la ripetizione di procedure avviate a causa di insicurezza emotiva.

L'*energia mentale* rappresenta la capacità di compiere un lavoro, consentendone la più efficace effettuazione. Rappresenta, quindi alla WISC-III, la forza cognitiva espressa dal *caso* ai totali percentuali di ogni subtest verbale o di performance, ottenuti mediante il contributo delle funzioni cognitive implicate (categorie).

Se lo scopo della registrazione iniziale dei dati è quello di convertire i segnali esterni per renderli adatti all'operatività della mente; se il fulcro delle diverse funzioni cognitive è l'interpretazione dei dati, la loro manipolazione, la distribuzione e il recupero delle risorse; se l'essenza del sistema centrale è rappresentata dalle operazioni di pianificazione, verifica e controllo delle attività mentali; se il centro del ragionamento è l'elaborazione dei concetti; se il motore del pensiero è la reversibilità, cioè quel principio piagetiano per cui la mente coglie ciò che si verifica e cambia, mantenendo contemporaneamente attivi l'invarianza e il decentramento cognitivo, allora l'energia mentale, è quel propulsore dinamico che attiva e rende possibile il funzionamento complessivo e sinergico della mente, per il raggiungimento di uno scopo fin quando un evento, interno o esterno non ne modifica l'assetto iniziale: riducendolo, distorcendolo, esaurendolo, oppure addirittura potenziandone l'efficacia, come nel caso di un'intuizione improvvisa o di un ragionamento più puntuale.

La *sinergia funzionale*, quindi, è quel processo che, integrando aspetti diversi, perviene alla coordinazione dei processi cognitivi e simbolici producendo un funzionamento mentale integralmente efficace, dato dalla capacità di attivare omogeneamente la coordinazione dinamica degli schemi cognitivi di base, dell'interpretazione, della reversibilità del pensiero, dell'anticipazione mentale, della concettualizzazione.

Poiché l'energia è generalmente definita come una grandezza fisica che rappresenta la capacità di svolgere un lavoro mediante una forza diretta, o indiretta, per assimilarla al funzionamento della mente è necessaria la seguente riflessione. Anche l'intelligenza viene espressa mediante due definizioni essenziali quali: cristallizzata e fluida. Si potrebbero attribuire alle conoscenze possedute e agli strumenti costruiti per apprendimento la valenza della forza diretta, originata e accumulata per assorbimento in funzione di qualcosa che è esterno alla mente e che viene progressivamente acquisito.

Dall'altro si potrebbe attribuire all'intelligenza fluida la caratteristica di una forza indiretta, dovuta alla variazione della velocità di elaborazione dello stimolo. La quale genera in modo spontaneo, intuitivo, creativo, dinamico, originale, libero, in quanto meno condizionato dai fattori dell'acculturazione la capacità di affrontare problemi, risolvere quesiti, costruire modelli operativi anche nuovi.

Tale modo di operare è dato dall'imprevedibilità delle intuizioni prodotte e costantemente verificate dalla sperimentazione, dalla manipolazione dei dati e delle informazioni che, seppur oggettivi, vengono necessariamente interpretati sia in base alle categorie interne acquisite per apprendimento, sia elaborati mentalmente per dinamica interna originale.

16. Interpretazione Neuropsicologica di Lurja applicata all'analisi dei protocolli della WISC-III

Analisi dei dati, del *caso* in esame alla WISC-III del 2012 e del 2014, in base all'interpretazione neuropsicologica di Lurija (1966), che suddivide l'attività cerebrale in tre blocchi funzionali per la preselezione degli stimoli (primo blocco funzionale), la costruzione delle *gnosie* (secondo blocco funzionale), la realizzazione delle funzioni esecutive sia motorie, che di ordine superiore (terzo blocco funzionale), le quali si manifestano mediante azioni precise e uso del linguaggio. In tale ottica si è ipotizzato un modello di elaborazione complesso per l'interpretazione dei dati cognitivi rilevabili alla WISC-III, relativi alla costruzione della risposta.

Per gli aspetti verbali sono state individuate le seguenti categorie interpretative:

→ attenzione uditiva (A uditiva);
→ programmazione verbale (B verbale);
→ recupero informazioni dalla memoria verbale (C verbale);
→ interpretazione informazioni verbali (D verbale);
→ concettualizzazione verbale (E verbale);
→ costruzione verbale della risposta (F verbale).

Per gli aspetti di performance sono state individuate come categorie:

→ attenzione visiva (A visiva);
→ programmazione visiva (B visiva);
→ recupero informazioni dalla memoria visiva (C visiva);
→ interpretazioni delle informazioni visive (D visiva);
→ concettualizzazione visiva (E visiva);
→ costruzione della risposta esecutiva (F visiva).

1. Analisi delle categorie interpretative selezionate per la scala verbale

Attenzione uditiva

Ladoves e Bert (1995) definiscono l'attenzione come un fenomeno che in parte avviene automaticamente, ma in quanto volontaria è una funzione che organizza le informazioni allo scopo di emettere una risposta adeguata.

Dal punto di vista neuropsicologico per orientare l'attenzione uditiva verso una porzione definita del campo percettivo e mantenerla attiva regolandone l'andamento attraverso il recupero di risorse, la focalizzazione dello stimolo, la distribuzione su aspetti differenti, sono necessarie attivazioni corticali specifiche quali quelle del lobo parietale destro, del lobo frontale destro e funzioni ippocampali. Inoltre la corteccia cingolata anteriore risulta implicata, non solo per gli aspetti attentivi legati al linguaggio e alla sua pronuncia, ma è attiva anche per compiti di memoria procedurale e per tutte quelle attività che richiedono frequenti spostamenti dell'attenzione per direzionare, in sequenza, focus attentivi differenti come avviene per il recupero immediato delle informazioni verbali.

L'attivazione dell'attenzione uditiva e il suo mantenimento nel tempo sono proporzionali a diverse variabili quali la motivazione, la comprensione, la concentrazione mentale; tali variabili afferiscono sia al sistema emotivo, sia a quello intellettivo, sia all'intenzionalità intesa come capacità ad orientare le proprie scelte in funzione di un interesse.

Un alto livello di attenzione uditiva permette quindi di accedere alla costruzione della risposta verbale, almeno per le elaborazioni più usuali, con il minore impegno possibile della concettualizzazione in quanto si procederebbe per anticipazione verbale, o per intuizioni in base alle regole morfo-sintattiche possedute.

Il sistema attentivo è soggetto sia a fenomeni interni che esterni, i quali possono determinare cadute attentive, in questo caso uditive, e disturbare quindi la funzione stessa, come avviene per il caso in esame che nel 2012 evidenziava un deficit attentivo a -2 ds e per il 2014 a -1 ds.

Programmazione verbale

Il linguaggio parlato necessita di rappresentazioni fonologico-simboliche che consentono la costruzione verbale della risposta.

Il giro angolare programma tale compito attivando i meccanismi corticali necessari alla formulazione linguistica processando la corretta successione dei singoli fonemi, che costituiscono il messaggio verbale nella sua interezza.

Il potenziamento di tale area ha permesso il recupero delle difficoltà ortografiche garantendo l'accesso diretto al linguaggio scritto, come avviene per quello verbale.

Esso è essenziale al fine della costruzione della risposta verbale e in generale per qualsiasi atto cognitivo, in quanto è proprio la memoria semantica (BA38) a permettere l'attivazione delle operazioni mentali implicate nell'organizzazione di quanto appreso.

Il recupero è possibile quando l'informazione è funzionalmente integrata al sistema della memoria a lungo termine; quando non lo è decade facilmente e il recupero diventa impossibile.

La memoria di lavoro implica frequenti spostamenti dell'attenzione per direzionare in sequenza focus attentivi diversi come nel recupero immediato di informazioni verbali. La regione corticale che presiede a tale funzione è il giro frontale inferiore, dove l'informazione viene elaborata in modo sequenziale e lento per permetterne l'effettiva ritenzione. La corteccia prefrontale ventro-laterale è attiva a sinistra durante compiti verbali e lo sono anche le aree temporali inferiori dell'emisfero sinistro. E' anche attiva l'area di Wernicke per la memoria uditiva delle parole, mentre le aree frontali opercolari sinistre sono deputate alla ripetizione di materiale verbale riguardante il discorso interno. Anche l'Ippocampo è coinvolto nella memoria verbale in quanto sede del recupero lessicale, infatti la velocità e l'efficacia della memoria, sia a breve che a lungo termine, possono essere condizionate anche dagli stati emotivi e dall'ansia di prestazione di fronte al compito richiesto. Inoltre la memoria di lavoro verbale risulta essere strettamente connessa all'attenzione uditiva, come anche i dati analizzati mediante le categorie individuate permetteranno di verificare e dimostrare.

Il *caso* in esame presenta evidenti difficoltà nel recupero immediato di informazioni, infatti il Ricordo selettivo immediato per il 2014 è, alla BVN, a -1.75 ds, mentre il Ricordo selettivo differito, sempre alla BVN del 2014, risulta essere a $+1.25$ ds, a conferma che le difficoltà sono in relazione alla manipolazione a breve termine dei dati, mentre l'immagazzinamento risulterebbe preservato come funzione.

Interpretazione delle informazioni verbali

Risulta indispensabile al fine di costruire la risposta verbale la capacità di mantenere attiva l'attenzione uditiva fino al completamento delle richieste verbali, poiché eventuali cadute attentive possono determinare la perdita di unità informative importanti producendo, di conseguenza, una comprensione parziale dei contenuti relativi alla somministrazione delle domande alla scala verbale.

Oltre all'attenzione uditiva risulta imprescindibile sia la conoscenza lessicale, sia la possibilità di far corrispondere ad essa i rispettivi concetti verbali sovraestesi, mediante recupero delle informazioni verbali dalla memoria a breve termine (semantica concettuale BA39), garantita dalla funzione attentiva e dalla memoria a lungo termine (BA38).

La complessità dei quesiti verbali, in particolare per CO e RA, necessita sia della capacità di compiere analisi e collegamenti tra sequenze verbali mediante la comprensione dei nessi logici, espliciti ed impliciti, propri delle strutture morfosintattiche espresse dalle domande, sia della capacità di attivare forme di anticipazione mentale della risposta mediante elaborazione cognitivo-linguistica (BA22, BA44).

Inoltre l'interpretazione verbale implica la capacità di operare adeguate forme di decentramento cognitivo ed emotivo per poter cogliere i dati verbali essenziali prendendo la giusta distanza dal proprio vissuto personale, al fine di costruire una risposta oggettivamente corretta, coerente, flessibile; la conoscenza di situazioni sociali dalle quali poter dedurre, mediante la comprensione della logica linguistica implicita alle domande, le congruenti relazioni di causa/effetto, o al contrario, effetto/causa.

Concettualizzazione verbale

Tale categoria implica la capacità di manipolare i dati verbali sia induttivamente che deduttivamente mediante analisi e costruzioni di analogie verbali e di parafrasi per produrre forme selettive di linguaggio. All'estensione concettuale del linguaggio, infatti, corrispondono selettività e specificità lessicale, oltre all'attivazione di forme e strutture logico-linguistiche per cogliere inferenze e dedurre eventuali dati mancanti.

Concettualizzare implica astrazione, cioè, l'uso immediato della parola-concetto che non ha bisogno di ricorrere né a rappresentazioni esterne, né a immagini interne per l'elaborazione dei contenuti verbali.

Oltre ai già menzionati circuiti del sistema neurofunzionale del linguaggio, durante la concettualizzazione verbale è attiva l'area di Broca che, essendo parte del lobo frontale, elabora pensieri, idee, fatti psichici superiori, semantica grammaticale e sintattica, partecipando ai processi di apprendimento e a quelli della memoria verbale.

Costruzione della risposta verbale

Prevede sia la programmazione verbale dell'eloquio durante la risposta, sia l'attribuzione semantica del significato, cioè la costruzione mentale della risposta.

L'eloquio è determinato dall'attivazione dell'area di Broca che proietta i suoi impulsi sulla corteccia motoria primaria dove risiedono i neuroni deputati all'attivazione dei muscoli dell'eloquio; tali neuroni sono localizzati di fronte al solco centrale di Rolando.

Parlare comporta il controllo (presieduto dalla SMA: corteccia motoria supplementare) di circa 100 muscoli: bucco-linguali, facciali, della laringe, della testa, del torace e del diaframma.

I suoni emessi e che costituiscono l'eloquio si succedono in rapida successione e richiedono circa 1400 istruzioni ai muscoli menzionati.

Anche il talamo e i gangli della base, strutture sottocorticali, giocano un ruolo nella produzione verbale poiché controllano la velocità e il volume dell'eloquio.

Il cervelletto modula la funzionalità del messaggio verbale influenzandone velocità ed accuratezza.

L'area parietale inferiore dell'emisfero sinistro risulta importante per le prassie dell'eloquio; il controllo dei movimenti della bocca, linguistici e non, è localizzato nella metà anteriore dell'emisfero sinistro.

Per la costruzione mentale della risposta verbale il circuito più importante è quello temporo-fronto-cerebellare: l'area temporale superiore (BA22) è attiva per l'input lessicale; l'area Broca (BA44) è attiva per la strutturazione semantica di tipo morfo-sintattico sostenuta nella funzione anche dal cervelletto.

2. Analisi delle categorie interpretative selezionate alla scala di Performance

Tutte le prove alla scala di Performance richiedono riconoscimento degli oggetti, immagini, forme geometriche, attivando funzioni di percezione visiva, orientamento visuo-spaziale, costruzione delle gnosie, coordinazione occhio-mano e prassie bimanuali orientate ideativamente.

Secondo Njiokiktjien e Chiarenza l'immaginazione visiva è differenziata per oggetti, colori, facce e per relazioni spaziali questa differenziazione ha a che vedere con la presenza delle vie visive dorsale e ventrale; le immagini sono lateralizzate sia a destra che a sinistra.

L'ippocampo sembra che giochi un ruolo importante nel recupero dei ricordi visivi e nella capacità di trattenere una immagine per un breve periodo di tempo nella memoria di lavoro visiva, necessaria per attivare le funzioni esecutive frontali per la costruzione della risposta. I dati visivi, come memoria di riconoscimento sono ritenuti nella corteccia temporo-anteriore.

L'attenzione visiva è deputata alla capacità di effettuare rotazioni mentali, competenza spaziale per la quale gioca un ruolo importante il solco intraparietale destro (BA7) rendendo possibili trasformazioni visuo-spaziali; se tale compito richiede la necessità di focalizzare l'attenzione sui dettagli si attiva anche l'emisfero sinistro.

Il solco intraparietale destro rappresenta anche il nucleo centrale del calcolo che nei casi di discalculia potrebbe essere meno attivo, allora potrebbe essere coinvolto, per compiti visuo-spaziali, il giro angolare sinistro con funzioni spaziali forse meno analitiche, ma ugualmente efficienti in quanto pianificate e organizzate dal linguaggio verbale interno.

Anche il conteggio di cifre indietro al subtest MC richiede, secondo quanto affermato da tali autori, capacità di rotazione mentale.

Tale capacità rappresenta una funzione molto complessa da un punto di vista neurale, oltre all'attenzione visuo-spaziale è necessario infatti attivare forme di concettualizzazione visiva, sintesi di percezione visiva, orientamento visuo-spaziale favorendo le chiusure gestaltiche delle forme, realizzabili anche mediante processi analitici e sequenziali degli elementi spaziali che confluiscono, in ultima istanza, alla produzione coerente della risposta esecutiva.

Entrambe le opzioni utilizzano le prassie bimanuali e la coordinazione occhio mano per la realizzazione coerente di forme geometriche, immagini, riordino di immagini, nonché prassie grafo-motorie per quei subtest che necessitano della rappresentazione del segno grafico.

I compiti visuo-spaziali sono compiti per definizioni non verbali ma utilizzano il linguaggio interno (aree frontali opercolari sinistre) per essere organizzati, pianificati, controllati e verificati mediante le funzioni esecutive (aree frontali destre). Infatti secondo Damasio la ricostruzione mentale dell'oggetto necessita di rappresentazioni multiple, per le quali è necessaria la collaborazione di entrambi gli emisferi.

17. Procedura del modello interpretativo ipotizzato

In base al modello ipotizzato la procedura prevede la trasformazione dei PP ottenuti alla WISC-III, in pesi percentuali per stabilire il carico di lavoro delle singole funzioni (categorie) a ciascun subtest, nonché il carico di lavoro totale per subtest alle due scale.

→ Trasformazione di ciascun PP per subtest in valore percentuale in base al valore percentuale totale dei PP (ricordando che il totale del punteggio corrisponde a 19 e rappresenta il 100%).

→ Selezione del valore percentuale di alcuni subtest, ritenuti rappresentativi delle risorse cognitive di base e di ordine superiore, per il *caso* in esame, sia alla scala verbale, che di performance.

→ I valori percentuali di tali subtest, sia nel valore percentuale singolo quando utilizzato, sia nel valore percentuale medio quando dedotto da più subtest, rappresentano in peso percentuale le unità di misura di base del funzionamento mentale alle funzioni individuate, definite categorie (A-B-C-D-E-F), che il *caso* è in grado di esprimere alle date del 2012 e 2014.

→ I valori percentuali alla categoria F verbale e alla categoria F di performance sono dedotti dalla media dei punti ponderati ottenuti alle singole scale e rappresentano le unità di misura del *caso* in esame alle categorie F sia per il 2012 che per il 2014.

→ Applicazione, ai PP realizzati dal *caso* a ciascun subtest e trasformati in valori percentuali, delle unità di misura individuate dalla selezione di quei subtest ritenuti rappresentativi delle stesse e normalizzazione dei valori percentuali calcolati rispetto alla somma percentuale totale delle categorie resa pari a 100%.

→ Tale valore percentuale è rappresentativo del carico di lavoro di ciascuna categoria all'interno di ogni subtest.

→ Individuazione del carico di lavoro totale a ciascun subtest, sia alla scala verbale che a quella di performance per il 2012 e 2014, mediante somma dei valori parziali dei carichi di lavoro registrati per categoria.

→ Tale valore è rappresentativo dell'energia mentale espressa dal *caso* a ciascun subtest per il 2012 e 2014.

→ Individuazione dei tempi esecutivi totali per ciascun subtest. I tempi della scala di performance vengono di prassi registrati; i tempi alla scala verbale sono dedotti in base alla registrazione della produzione verbale al test di denominazione alla PRCR-2, calcolato in sillabe al secondo.

→ Individuazione del valore della potenza mentale, per ciascun subtest, tramite la formula:

carico di lavoro totale al subtest / tempo totale subtest

sia per il 2012 che per il 2014.

Tale valore è rappresentativo delle risorse mentali interne utilizzate dal *caso* per l'espletamento dei compiti ad ogni subtest della WISC-III.

→ Individuazione del valore della potenza mentale per ciascuna categoria ad ogni singolo subtest mediante la formula:

carico di lavoro per categoria / tempo totale subtest

sia per il 2012 che per il 2014.

→ Individuazione delle potenze mentali totali per le singole categorie, mediante somma dei valori parziali delle potenze mentali registrate a ciascun subtest.

Tale valore è rappresentativo delle potenze mentali totali utilizzate dal *caso* per ciascuna categoria per l'espletamento del test complessivo della WISC-III.

→ Individuazione della potenza mentale parziale per ognuno dei tre blocchi di Lurja sia per il 2012 che per il 2014.

→ Al II blocco viene attribuita la somma delle potenze mentali delle categorie A-B-C.

→ Al III blocco viene attribuita quella relativa alle categorie D-E-F.

→ Al I blocco vengono, simbolicamente, attribuiti i valori delle unità informative sottostanti alle potenze mentali per le categorie: A uditiva, A visiva per il 2012 e 2014 per la preselezione dello stimolo. I valori attribuiti al I blocco sono pari a un decimo delle categorie di cui sopra, poiché il lavoro cognitivo neuronale presenta un valore moltiplicativo.

→ Individuazione del comportamento delle potenze mentali per categorie all'interno di ciascun subtest; dato dalla distanza di ciascuna potenza mentale dalla potenza mentale media. Tali valori esprimono l'andamento dell'asinergia funzionale, attivata dal *caso*, a ciascun subtest. Nonché la sinergia funzionale delle potenze mentali totali per le singole categorie alla scala verbale e di performance per il 2012 e 2014.

→ Individuazione della dinamica della sinergia funzionale, calcolata per i subtest analizzati, in base al valore percentuale ottenuto da ciascuna categoria sulla costruzione della risposta (F) per subtest, sia per il 2012 che per il 2014, al fine di evidenziare gli eventuali incrementi o decrementi percentuali ottenuti longitudinalmente dalle singole categorie.

→ Individuazione del valore della potenza mentale totale attribuibile all'interazione interemisferica sia per il 2012 che per il 2014.

Il valore è dedotto per somma algebrica dalla differenza tra i valori delle potenze mentali totali per ciascun subtest e le potenze mentali totali per categoria alle due scale. Dato che il carico di lavoro totale ai subtest di ciascuna scala coincide con il carico di lavoro totale alle categorie e la verifica delle differenze tra i valori delle potenze mentali ai subtest con quelle delle categorie è attribuibile a processi interni.

Tale valore è quindi rappresentativo dell'interazione dei due emisferi necessaria per l'espletamento dei compiti ai subtest che la utilizzano.

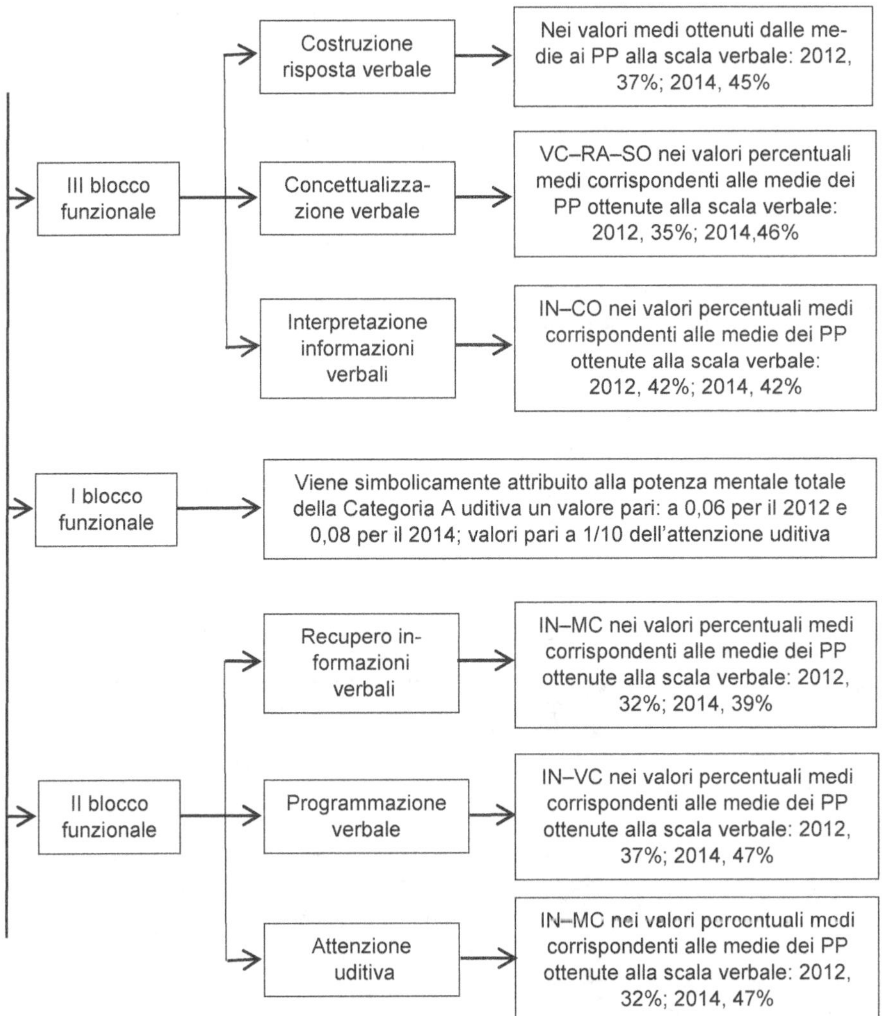

Tab.1 – Modello interpretativo (approccio neuropsicologico di Lurja) per l'individuazione delle unità di misura selezionate per categoria in base al funzionamento mentale verbale e valori percentuali attribuiti per il 2012 e il 2014

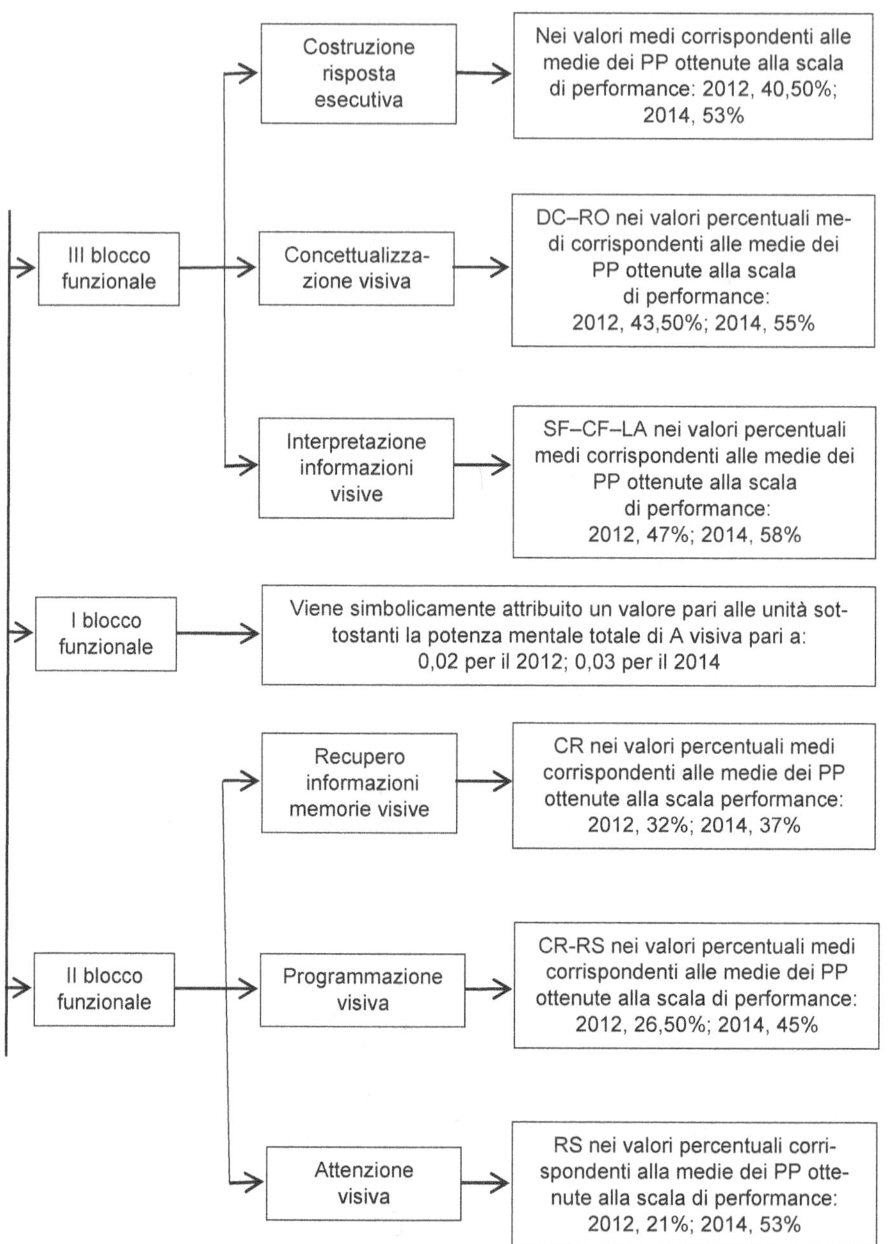

Tab. 2 – Modello interpretativo (approccio neuropsicologico di Lurja) per l'individuazione delle unità di misura selezionate per categoria in base al funzionamento mentale alle performance e valori percentuali attribuiti per il 2012 e il 2014

I punteggi, o le medie dei punteggi individuate sono poi trasformati in valori percentuali considerando il punto ponderato massimo delle due scale (19) come valore percentuale pari al 100%.

Alla scala verbale per l'attenzione uditiva viene utilizzato il valore percentuale di MC (32% per il 2012, 47% per il 2014) in quanto implica comprensione linguistica essenziale e manipolazione di dati, per cui il subtest correla positivamente con la funzione specifica.

Per la programmazione verbale viene utilizzato il valore percentuale medio tra IN e VC (37% per il 2012, 47% per il 2014).

Per il recupero delle informazioni dalla memoria verbale sono utilizzati i dati percentuali relativi alla media tra IN e MC (32% per il 2012, 39% per il 2014).

Per l'interpretazione delle informazioni verbali viene calcolata la media percentuale deducendola da IN e CO (42% sia per il 2012, sia per il 2014) in quanto tali subtest correlano con la capacità di riflessione linguistica e la organizzazione interna dell'informazione.

La media percentuale per la concettualizzazione verbale è calcolata in base ai valori di SO, RA e VC (35% per il 2012, 46% per il 2014) in quanto sono i subtest che meglio correlano con la capacità di manipolare concetti, inferire categorie mentali, attribuire al lessico la corrispettiva valenza rappresentazionale, costruire schemi di ragionamento.

La costruzione della risposta verbale nei suoi valori percentuali è dedotta dalla media totale dei punti ponderati realizzati alla scala verbale (37% per il 2012, 45% per il 2014), individuando in tale valore percentuale la corrispondente capacità ad organizzare il linguaggio in funzione cognitiva e comunicativa.

Tale modello interpretativo è utilizzato anche per le categorie attribuite alla scala di performance e precisamente: per l'attenzione visiva vengono utilizzati i dati percentuali dedotti dai punti ponderati di RS (21% per il 2012, 53% per il 2014) in quanto è il subtest che alla WISC-III, meglio rappresenta il processo di elaborazione attentiva di stimoli visivi astratti.

Per la programmazione visiva i dati percentuali sono dedotti dai punti ponderati di CR; RS nei loro valori medi (26,50% per il 2012, 45% per il 2014).

Per il recupero delle informazioni dalla memoria visiva vengono utilizzati i dati percentuali relativi a CR (32% per il 2012, 37% per il 2014).

l'interpretazione delle informazioni visive mediante uso del linguaggio interno la media percentuale calcolata è dedotta dalla media dei punti ponderati tra SF; CF; LA (47% per il 2012; 58% per il 2014) poiché sono i subtest di Performance che correlano sia con dati visivi, che con forme di linguaggio interno utilizzato per organizzare sequenze, inferire elementi mancanti, pianificare l'azione grafo-motoria, integrando aspetti prettamente visivi con la riflessione linguistica interna per l'esecuzione di azioni e per la verbalizzazione lessicale al fine di costruire la risposta.

Per la concettualizzazione visiva sono utilizzati i dati in valori percentuali medi ricavati dalla media dei punti ponderati tra DC e RO (43,50% per il 2012,

55% per il 2014) in quanto correlano con la capacità di individuare posizioni e relazioni spaziali mediante analisi e anticipazioni mentali di immagini per produrre, mediante manipolazione di oggetti, la risposta finale.

Per la costruzione della risposta esecutiva di ordine prassico, grafo-motorio, decisionale, nei suoi valori percentuali è utilizzata la media complessiva dei valori dei punti ponderati alla Scala di Performance, trasformandola in valore percentuale medio (40,50% per il 2012, 53% per il 2014).

Quindi i dati percentuali per le varie categorie individuate, dedotti da singoli subtest o dalle medie dei punti ponderati ai subtest selezionati, vengono messi in relazione tra loro normalizzandoli rispetto alla somma percentuale totale delle categorie (215%, valore fatto pari a 100%).

18. Precisazioni metodologiche per l'analisi della WISC-III del 2012 e 2014

Prima di analizzare i dati ai subtest sono necessarie alcune precisazioni.

1. Prima precisazione

Quanto di seguito esposto può apparentemente sembrare in contraddizione con le affermazioni precedenti contenute sia nell'introduzione, che nel testo stesso, in merito all'impossibilità di quantificare totalmente le complesse dinamiche della mente e del pensiero. Ma l'uso prettamente qualitativo della metodologia adottata, proprio su un singolo *caso*, supera tale possibile fraintendimento.

L'aver selezionato infatti solo sei categorie, rispetto alle infinite e complesse utilizzabili, restringe di per sé il campo delle analisi effettuate sui dati del *caso*, indicando solo l'uso di una metodologia più analitica in grado di contenere e rappresentare variabili differenti per l'individuazione di quanto sottostà agli effettivi punti di debolezza e ai punti di forza rispetto ai disturbi dell'apprendimento che il *caso* presenta. L'aver inoltre ristretto l'analisi dei subtest solo ad alcuni rappresenta il tentativo di constatare come la mente, utilizzando i medesimi circuiti funzionali anche se per compiti apparentamenti diversi, funzioni in modo analogo per le caratteristiche stesse che qualificano i medesimi circuiti rispetto ad altri differenti.

L'aver utilizzato sintesi integrative per l'interpretazione dei dati trova prioritariamente la sua ragione d'essere nella metodologia specifica della pedagogia che occupandosi dell'apprendimento umano, cioè del funzionamento della mente umana nel corso della sua evoluzione per l'acquisizione di conoscenze necessita, inevitabilmente, di un approccio diverso multidimensionale al fine di affrontare aspetti molteplici su basi scientifiche e filosofiche. Inoltre tiene conto del lavoro di Piaget che, per rappresentare lo sviluppo dell'intelligenza umana, l'ha sempre confrontata con l'assimilazione di aspetti inerenti al mondo della fisica e della matematica deducendo, dagli approcci a tali discipline le dinamiche essenziali del pensiero e dell'intelligenza.

2. *Seconda precisazione*

Poiché lo studio del nuovo approccio alla WISCIII è in realtà complesso, non si possono, né si debbono tacere le difficoltà incontrate; il verificarsi di errori di metodo generati, sia dalla mancanza di competenze specifiche riguardo alle regole delle discipline utilizzate, sia per la naturale tendenza ad applicare schemi mentali acquisiti da tempo, rispetto ad elementi che invece necessitano di essere affrontati in modo differente, in quanto ipotizzati su sintesi integrative innovative.

Quanto prodotto è, dunque, il frutto di ragionamenti logico funzionali, di verifiche empiriche sui dati, di aggiustamenti progressivi attraverso controlli e approfondimenti successivi che, per facilitare la lettura, non vengono riportati.

A chiarimento di quanto esposto, per esempio, rispetto al valore delle potenze calcolate alle singole funzioni si rileva che, contrariamente a quanto inizialmente ipotizzato, non possono essere utilizzati criteri di calcolo delle medie fra valori appartenenti a subtest diversi per definire e specificare i deficit presenti. Infatti le Potenze mentali non sono solo dati numerici fra loro matematicamente comparabili ma, rappresentano in tale contesto dati apprezzabili per le caratteristiche qualitative che esprimono in ambito cognitivo.

Risultano invece quantificabili e utili alla comprensione i calcoli per definire la dinamica della sinergia funzionale ai singoli subtest e la loro comparazione longitudinale per valutarne le effettive evoluzioni o regressioni e la flessibilità mentale. Gli aspetti presi in considerazione per subtest riguardano: carico di lavoro; potenza mentale totale; tempo esecutivo totale; spazio verbale; tempo verbale; spazio visivo; tempo visivo; velocità di produzione verbale.

1. Tabelle riassuntive e grafici dei dati ottenuti mediante l'utilizzo del modello ipotizzato

Tab. 1 – Carichi di lavoro. Scala verbale: scarto percentuale per subtest

Scala verbale: scarto percentuale per subtest anno 2014 su anno 2012							
	IN	SO	RA	VC	CO	MC	Tot
2012	32	37	26	42	53	32	222
2014	32	42	32	63	53	47	268
Scarto %	0,00	13,51	23,08	50,00	0,00	46,88	21,17

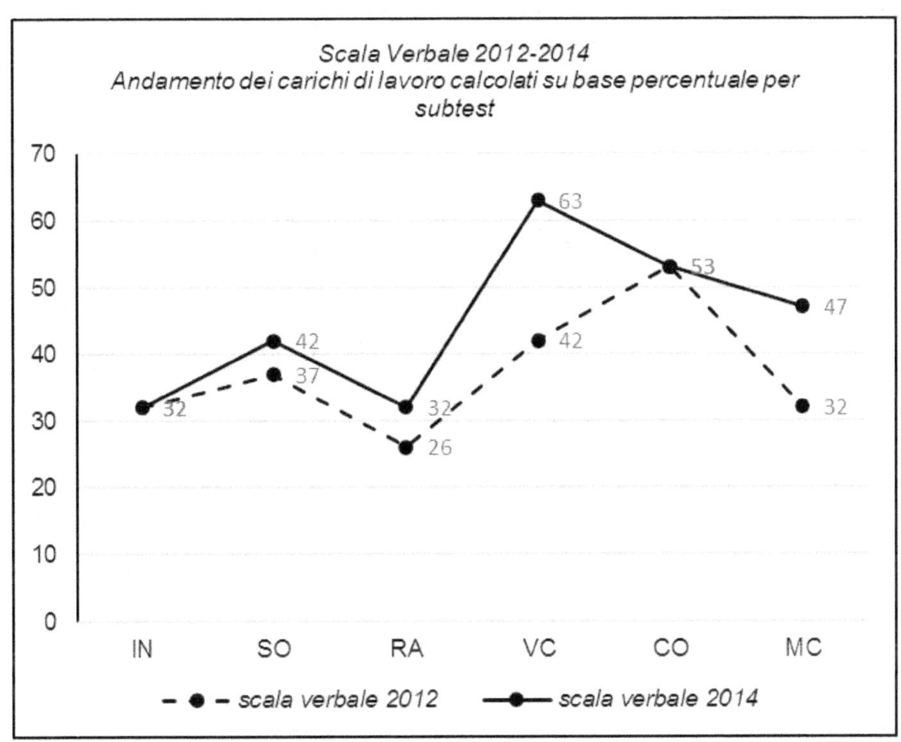

Fig. 1 – Scala verbale: andamento dei carichi di lavoro

Tab. 2 – Carichi di lavoro. Scala performance: scarto percentuale per subtest

Scala performance: scarto percentuale per subtest anno 2014 su anno 2012							
	CF	CR	SF	DC	RO	RS	LA	Tot.
2012	53	32	47	42	47	21	42	284
2014	53	37	68	47	63	53	53	374
Scarto %	0,00	15,63	44,68	11,90	34,04	152,38	26,19	31,70

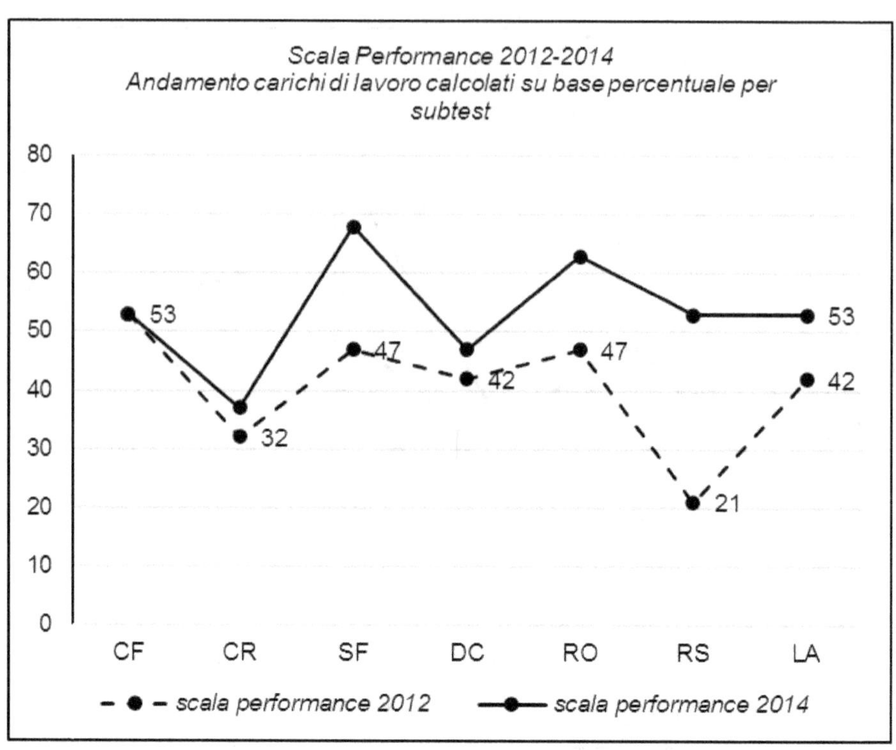

Fig. 2 – Scala Performance: andamento carichi di lavoroTab. 2 – Valori percentuali delle singole categorie ai carichi di lavoro per subtest alla scala verbale del 2012

Tab. 3 – Valori percentuali delle singole categorie ai carichi di lavoro per subtest alla scala verbale del 2012

		Categorie					
		A	B	C	D	E	F
	IN	4,66	5,44	4,66	6,21	5,18	5,44
	SO	5,44	6,34	5,44	7,25	6,04	6,34
Subtest	**RA**	3,88	4,53	3,88	5,18	4,31	4,53
	VC	6,21	7,25	6,21	8,28	6,90	7,25
	CO	7,77	9,06	7,77	10,35	8,63	9,06
	MC	4,66	5,44	4,66	6,21	5,18	5,44

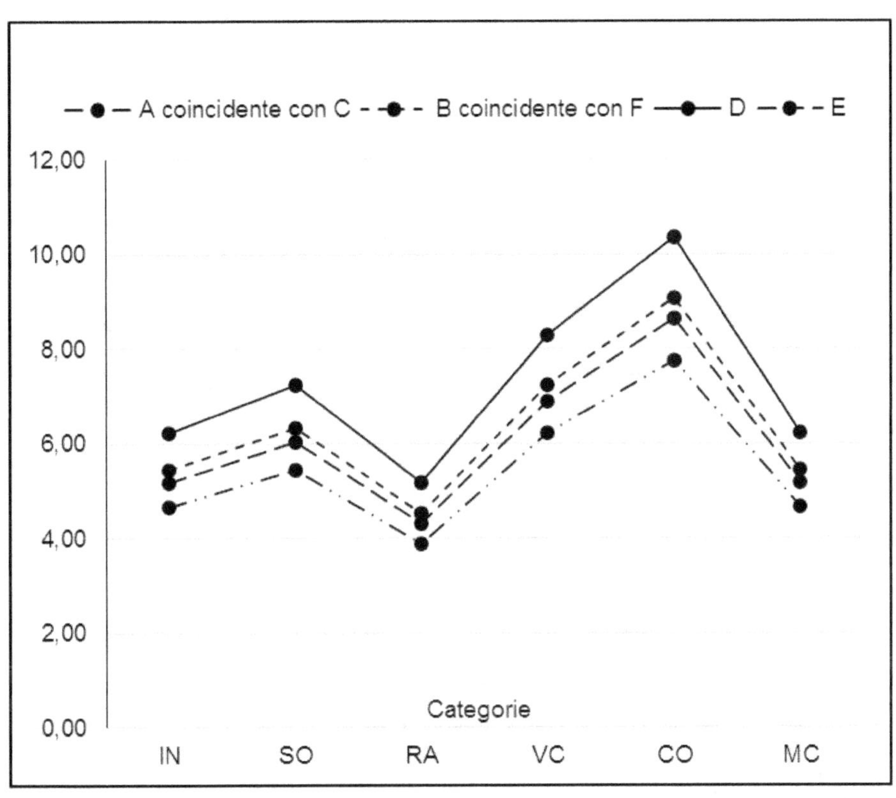

Fig. 3 – Grafico dei valori percentuali delle singole categorie ai carichi di lavoro per subtest alla scala verbale del 2012

Tab. 4 – Valori percentuali delle singole categorie ai carichi di lavoro per subtest alla scala verbale del 2014

		Categorie					
		A	B	C	D	E	F
	IN	5,61	5,61	4,67	4,99	5,40	5,30
	SO	7,48	7,48	6,23	6,65	7,20	7,06
Subtest	RA	5,61	5,61	4,67	4,00	5,40	5,30
	VC	11,22	11,22	9,35	9,97	10,80	10,60
	CO	9,35	9,35	7,79	8,31	9,00	8,83
	MC	8,41	8,41	7,01	7,48	8,10	7,95

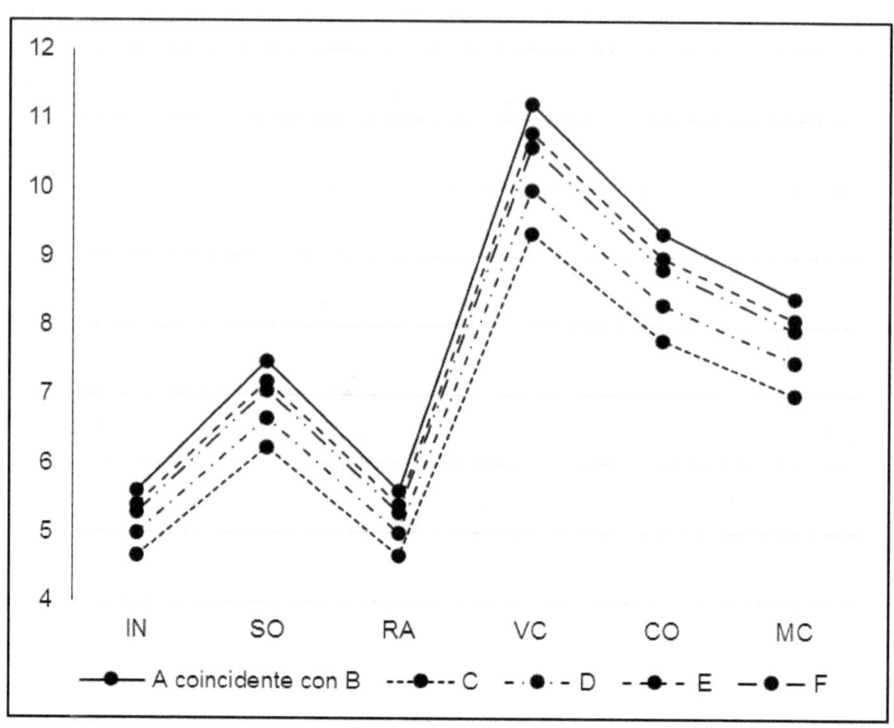

Fig. 4 – Grafico dei valori percentuali delle singole categorie ai carichi di lavoro per subtest alla scala verbale del 2012

Tab. 5 – Valori percentuali delle singole categorie ai carichi di lavoro per subtest alla scala di performance del 2012

		Categorie					
		A	**B**	**C**	**D**	**E**	**F**
Subtest	**CF**	5,24	6,54	7,85	11,78	11,25	10,10
	CR	3,14	3,93	4,71	7,07	6,67	6,06
	SF	4,71	5,89	7,07	10,60	10,01	9,09
	DC	4,19	5,24	6,28	9,42	8,90	8,08
	RO	4,71	5,89	7,07	10,60	10,01	9,09
	RS	2,09	2,62	3,14	4,71	4,45	4,04
	LA	4,19	5,24	6,28	9,42	8,90	8,08

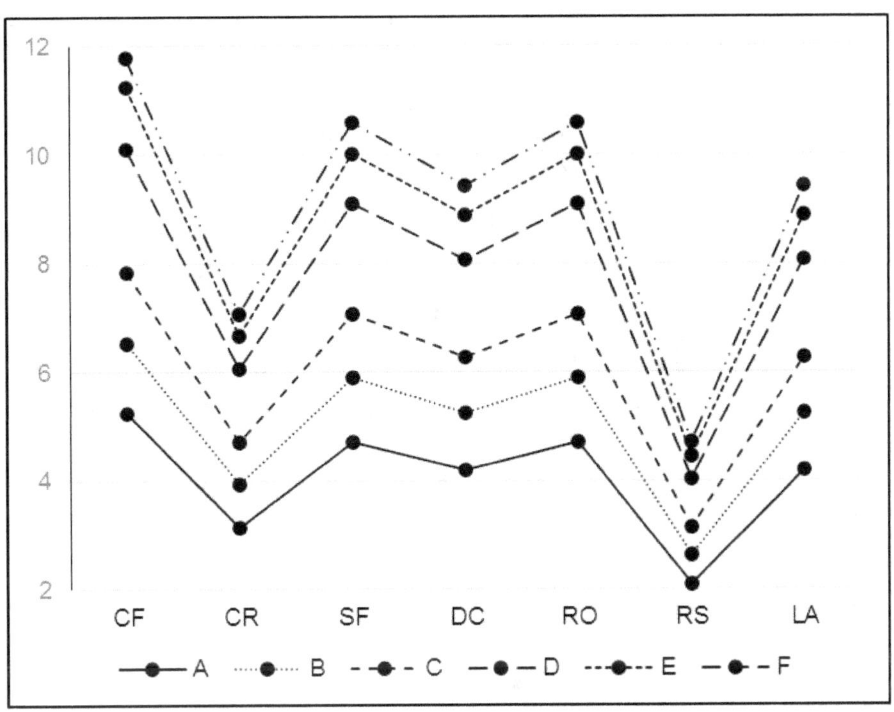

Fig. 5 – Grafico dei valori percentuali delle singole categorie ai carichi di lavoro per subtest alla scala verbale del 2012

Tab. 6 – Valori percentuali delle singole categorie ai carichi di lavoro per subtest alla scala di performance del 2014

		Categorie					
		A	B	C	D	E	F
	CF	9,21	7,83	6,45	10,13	9,67	9,34
	CR	6,45	5,48	4,51	7,09	6,77	6,54
	SF	11,97	10,18	8,38	13,17	12,57	12,14
Subtest	DC	8,29	7,05	5,80	9,12	8,70	8,41
	RO	11,05	9,39	7,74	12,16	11,61	11,21
	RS	9,21	7,83	6,45	10,13	9,67	9,34
	LA	9,21	7,83	6,45	10,13	9,67	9,34

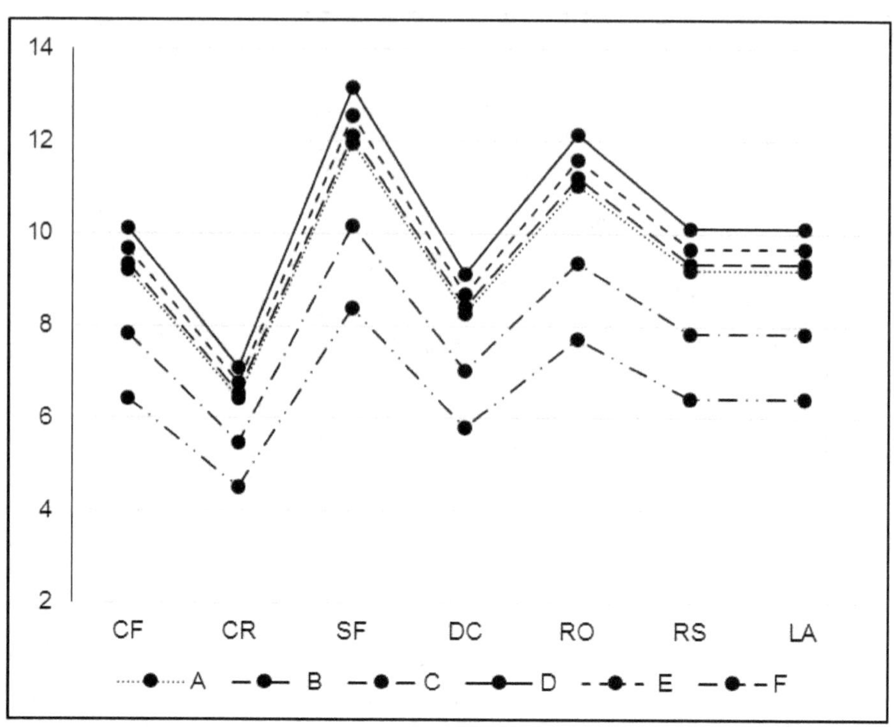

Fig. 6 – Grafico dei valori percentuali delle singole categorie ai carichi di lavoro per subtest alla scala di performance del 2014

Tab. 7 – Valori delle potenze mentali per subtest alla scala verbale del 2012 e 2014

	Potenze mentali alla scala verbale del 2012 e 2014		
	anno 2012	anno 2014	scarto in % per subtest del 2012 su 2014
IN	1,05	0,90	−0,14
SO	0,67	0,46	−0,32
RA	0,53	1,32	1,50
VC	0,21	0,25	0,19
CO	0,22	0,22	0,00
MC	1,05	1,35	0,29

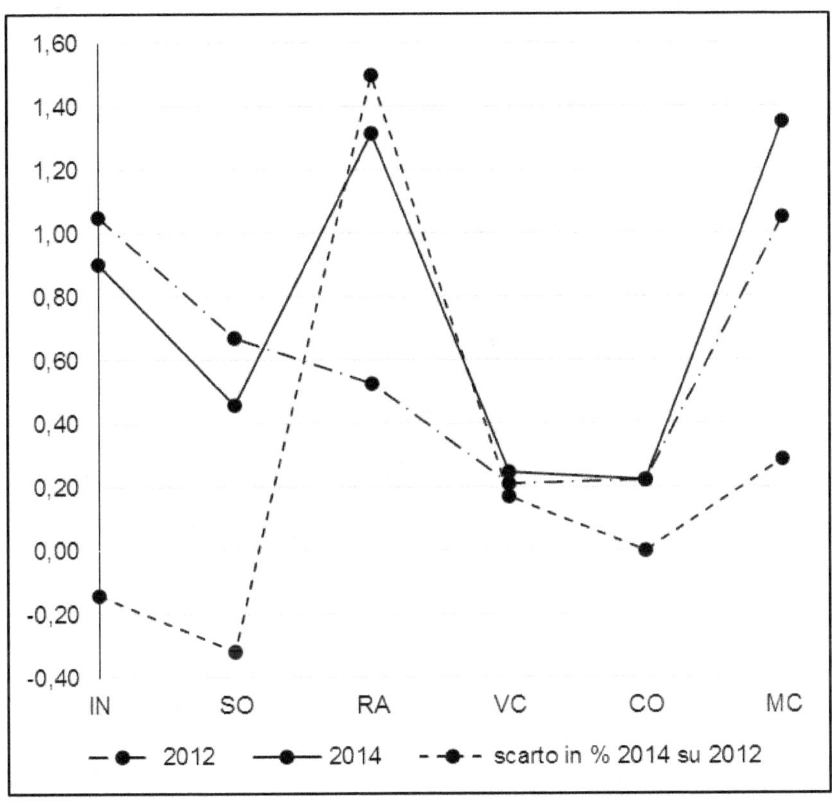

Fig. 7 – Grafico dei valori delle Potenze mentali per subtest alla scala verbale del 2012 e 2014

Tab. 8 – Potenze mentali per subtest alla scala di performance del 2012 e 2014

	Potenze mentali per subtest alla scala di performance per il 2012 e 2014		
	anno 2012	anno 2014	scarto in % 2014 su 2012
CF	0,21	0,21	0
CR	0,26	0,31	17
SF	0,23	0,29	26
DC	0,25	0,22	-11
RO	0,09	0,15	58
RS	0,18	0,44	150
LA	0,27	0,20	-26

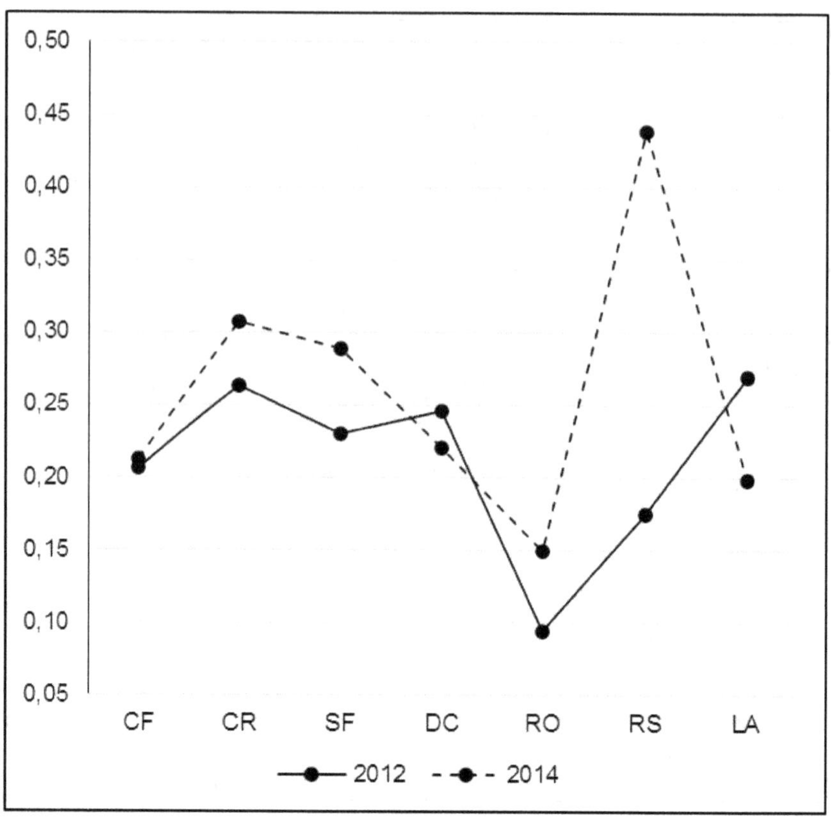

Fig. 8 – Potenze mentali per subtest alla scala di performance del 2012 e 2014

19. Analisi dei carichi di lavoro e delle potenze mentali totali ai subtest e delle potenze mentali per categoria interni alla WISC-III del 2012 e del 2014 in base al modello interpretativo ipotizzato e verifica delle correlazioni possibili con quanto esposto precedentemente.

L'analisi dei dati, riportati nei grafici, non può prescindere dal tentativo di porre in correlazione quanto emerso rispetto ai carichi di lavoro, alle potenze mentali, alla dinamica della sinergia funzionale con quanto affermato e concettualmente dedotto dagli approfondimenti e commenti effettuati nel corso dello testo.

Alla scala verbale i processi interni al circuito neurolinguistico, attivato per i vari subtest, sono simultanei, cioè la registrazione dello stimolo uditivo è simultanea alla sua comprensione; mentre la strutturazione linguistica del contenuto comunicativo della risposta è simultanea ai processi neuromotori della produzione linguistica, per cui spazio e tempo per il fenomeno linguistico coincidono.

Infatti durante l'ascolto della domanda entrano informazioni linguistiche che hanno un tempo verbale, dato in secondi, per la durata della domanda stessa al quale corrisponde uno spazio verbale dato dalla quantità sillabica, fonemica in esso contenuta.

Durante la risposta vengono prodotte informazioni linguistiche che hanno, pure esse, un tempo verbale quantificabile in secondi, al quale tempo corrisponde uno spazio verbale denotato dalla quantità verbale, sillabica, fonemica prodotta.

Al tempo verbale in entrata corrisponde la comprensione totale o parziale della domanda (attenzione uditiva); alla complessità verbale del contenuto della domanda corrisponde il livello qualitativo della comprensione (interpretazione) attivata dal soggetto.

In produzione, in relazione alla motivazione personale a rispondere, alla competenza linguistica specifica data dal lessico di cui il soggetto è in possesso, dalla morfo-sintassi che è in grado di costruire corrisponde la quantità e la qualità verbale della risposta (costruzione della risposta); mentre la sua validità, o meno, è condizionata dalle conoscenze possedute (intelligenza cristallizzata) e dalla capacità a concettualizzare (E).

Le categorie (A - B - C - D - E - F) sono relative al tempo della costruzione della risposta verbale e contemporaneamente riguardano sia processi linguistici e verbali, che rappresentano lo spazio, la quantità, il fenomeno; sia processi interpretativi e concettuali verbali interni che esprimono successione, ordine, tempo, categorie mentali, validità della risposta o errore concettuale.

Alla costruzione verbale della risposta contribuiscono, in valori percentuali variabili, in base ai relativi carichi di lavoro, tutte le categorie individuate in quanto il linguaggio esprime e produce concetti mediante il fenomeno dell'eloquio, conseguente alla programmazione verbale attivata.

La verifica, alla scala verbale, della co-occorenza per il 2012 di A e di C (attenzione uditiva e richiamo delle informazioni); di B (programmazione verbale) e F (costruzione della risposta verbale) in carichi di lavoro e di potenze mentali al secondo, è la dimostrazione di quanto esposto.

Infatti l'attenzione uditiva e il richiamo delle informazioni presentano gli stessi valori in quanto le due funzioni si sostengono reciprocamente durante l'eloquio per la costruzione del discorso.

Mentre per il 2014 i dati presentano valori differenti sia ai carichi di lavoro, sia alle potenze mentali di ciascun subtest; tale fenomeno evidenzia che, all'incremento della funzione dell'attenzione uditiva corrisponde un decremento della funzione di richiamo delle informazioni verbali, indubbiamente collegato al deficit di intelligenza cristallizzata che nel tempo è aumentato.

La co-occorenza di B e di F sia ai carichi di lavoro, che alle potenze mentali al secondo per il 2012 a ciscun subtest della scala verbale evidenzia che la programmazione della risposta (B), correla sì con la costruzione verbale della risposta, ma poiché F è calcolata, oltreché nel suo valore percentuale reale, anche in base alla media dei PP a ciascuna scala trasformati in valori percentuali, il valore di F (costruzione della risposta) risulta deficitario rispetto a quello espresso dalla categoria B (programmazione verbale) per deficit di intelligenza cristallizzata.

Per il 2014 i dati relativi ai carichi di lavoro evidenziano ancora di più tale discrepanza, in quanto B risulta avere sempre valori maggiori di F, mentre all'andamento delle potenze mentali, espresso dalla sinergia funzionale tale fenomeno è meno evidente; è presente solo nei subtest: IN, MC.

Al subtest IN, B è maggiore di F, a conferma che le informazioni possedute risultano inferiori alle potenzialità della programmazione Verbale.

Per MC la possibilità di programmare i dati (cifre) è più elevata rispetto alla capacità di costruire risposte efficaci (B > F).

Altra co-occorrenza, che si verifica ai carichi di lavoro per il 2014, è la coincidenza dei valori di A e di B e ciò evidenzia l'efficace incremento della forza mentale per l'attenzione uditiva (rispetto al 2012) che rimane attiva per tutto il tempo della programmazione della risposta. Tale co-occorenza è verificabile anche a ciascun subtest, rispetto ai valori delle potenze mentali della scala verbale del 2012 e del 2014, per le medesime categorie (A e B).

Per il 2012 all'andamento dei carichi di lavoro D è sempre maggiore di E evidenziando che, la comprensione delle informazioni, risulta avere una forza maggiore rispetto alla capacità di concettualizzare, in quanto regge un carico di lavoro maggiore a ciascun subtest.

Per il 2014, invece, nel confronto tra D e E è quest'ultima categoria a registrare il valore più elevato riuscendo ad espletare un carico di lavoro maggiore.

Quindi E subisce un incremento, probabilmente favorito dalla tipologia della terapia messa in atto, invece D registra incrementi ai carichi di lavoro solo ai subtest VC e MC; mentre agli altri subtest si registrano decrementi, confermando deficit di intelligenza cristallizzata.

Tali andamenti sono verificabili ai valori delle potenze mentali di ciascun subtest per il 2014 e alla dinamica della sinergia funzionale per la scala verbale alla medesima data.

Analizzando ancora i carichi di lavoro alle scale verbali, 2012 e 2014, si nota come essi risultano bassi ai subtest con rendimento minimo, più elevati ai subtest che raggiungono PP più alti.

Dato che il carico di lavoro rappresenta la forza mentale espressa e sostenuta nel tempo per espletare un compito cognitivo, maggiore è la forza, migliori sono i risultati.

Rispetto al comportamento delle potenze mentali totali, le quali rappresentano il consumo di risorse attivato per espletare un compito, sempre cognitivo, risultano essere generalmente più basse a quei subtest che richiedono livelli inferiori di concettualizzazione linguistica (VC; CO sia per il 2012 che per il 2014), mentre sono più elevate ai subtest che implicano maggiore capacità di manipolazione dei dati verbali (IN; MC; SO sia per il 2012 che per il 2014) e per RA solo per il 2014.

Ciò probabilmente sta a significare che le risposte a stimoli usuali richiedono un consumo minore di risorse; il linguaggio è infatti un automatismo che ne richiede un dispendio minimo, il quale naturalmente si esaurisce quando non si è più in grado di rispondere alle domande poste per mancanza di conoscenze (VC, IN, SO), o di ragionamenti sociali (CO), o di dati aritmetici (RA).

Invece quando i subtest verbali implicano livelli più elevati di interpretazione e di concettualizzazione, le potenze mentali totali sono più alte perché il linguaggio deve essere programmato per costruire risposte meno usuali, che implicano maggiore uso di concetti, di relazioni linguistiche, o di manipolazione di dati su base lessicale e/o numerica.

Si può verificare, per il 2014, che i valori delle potenze ai subtest IN e SO diminuiscono, pur essendo contestualmente aumentati i tempi esecutivi (IN da 30 a 35 secondi; SO da 55 a 92 secondi; e per SO aumenta anche il carico di lavoro dal 37% al 42%), sempre per deficit di intelligenza cristallizzata, cioè mancanza di conoscenze.

In linea generale, in base a quanto sinora osservato empiricamente dai dati in possesso si può affermare che alla scala verbale del 2014, le potenze mentali totali ai subtest aumentano quando aumentano contestualmente sia il carico di lavoro, che il tempo e di conseguenza lo spazio verbale, cioè le sillabe totali prodotte dalle risposte, tranne che per RA, la cui potenza mentale totale aumenta, mentre il tempo esecutivo si dimezza. Alla scala di performance le potenze mentali totali tendono a diminuire a quei subtest che registrano un incremento del tempo esecutivo (DC, LA). Tendono ad aumentare a quelli che, pur incrementando i carichi di lavoro, nel contempo registrano un decremento del tempo esecutivo (RO). Aumentano per quei subtest che prevedono un tempo definito (CR, RS).

Alla scala verbale le singole categorie incrementano i valori totali delle loro potenze mentali, ad esclusione di un significativo decremento della categoria D che registra −3% di potenza mentale addebitabile al deficit di intelligenza cristallizzata (tab. 1, pag. 178). La categoria C per il 2014 subisce un incremento del 21% mentre la categoria A del 45%. La differenza dei punti percentuali pari al 24% evidenzia, dato che le due funzioni si sostengono reciprocamente, il deficit di richiamo delle informazioni. La categoria E si incrementa del 26%; tali incrementi rappresentano il centro dell'intervento riabilitativo attuato.

Lo studio dei grafici riportati (capitolo 18) evidenzia per la sinergia funzionale il funzionamento unitario della mente rispettivamente alle due scale verbali e di performance sia per il 2012 che per il 2014.

I subtest verbali, pur in presenza di richieste diverse, presentano andamenti simili fra loro, come anche avviene per quelli di performance per gli effetti delle analogie dei rispettivi circuiti cerebrali utilizzati per il 2012, e per il 2014.

Mentre in parallelo le due scale, sia per il 2012 che per il 2014, evidenziano una diversità qualitativa, a conferma che per la scala verbale e per quella di performance vengono utilizzati circuiti cerebrali differenti.

La diversità quantitativa del valore delle potenze mentali totali, per le categorie, verificabile in senso longitudinale per entrambe le scale, evidenzia quanto la mente, in base alle funzioni del pensiero analizzate, si sia ristrutturata (teoria piagetiana) organizzandosi in modo diverso per rispondere, al meglio delle proprie potenzialità ai compiti della WISC-III del 2014, raggiungendo una migliore sinergia funzionale (tab. 1 e tab.2, pag.178).

20. Analisi del subtest vocabolario (VC) per il 2012 e 2014

Fig. 1– Andamento carichi di lavoro per subtest VC della scala verbale

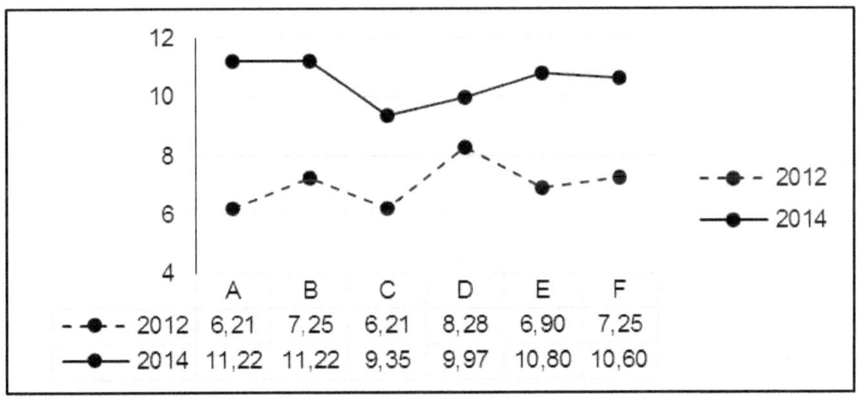

Tab. – 1 Valori delle potenze delle categorie al subtest VC per il 2012 e 2014

	Potenze categorie al subtest VC			
	anno 2012	anno 2014	differenza 2014 – 2014	2014 – 2012 in %
A	0,03	0,04	0,01	33
B	0,04	0,04	0	0
C	0,03	0,04	0,01	33
D	0,04	0,04	0	0
E	0,03	0,04	0,01	33
F	0,04	0,04	0	0

VC	anno 2012	anno 2014	differenza 2014-2012	differenza in %
Carico di lavoro totale in %	42,00	63,00	21,00	50
Potenza totale	0,21	0,24	0,03	14
Tempo esecutivo totale in sec	198,00	254,00	56,00	28
Spazio Verbale prodotto in sillabe	247,00	323,00	76,00	31
Velocità Verbale in sill./sec	1,25	1,27	0,02	2

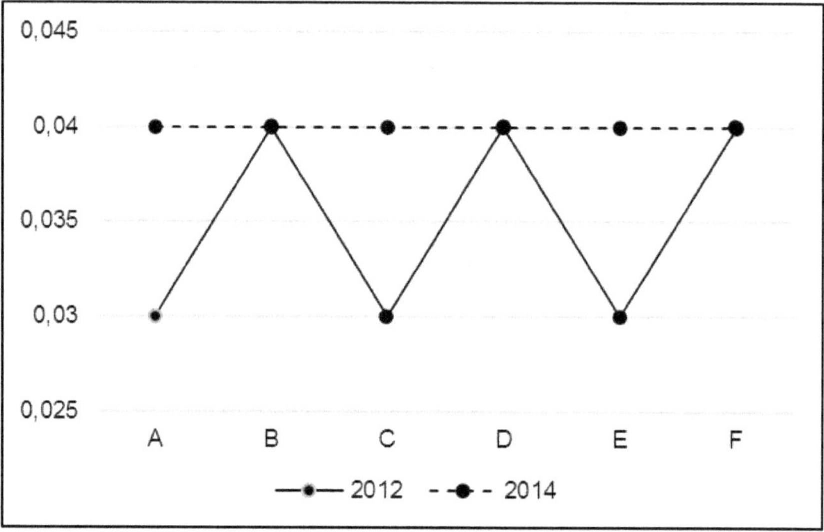

Fig. 2 – Andamento potenze categorie al subtest VC per il 2012 e 2014

VC è per il 2014 il subtest che alla scala verbale registra il carico di lavoro più elevato (63%).

Dato che la potenza mentale rappresenta il consumo di risorse mentali per espletare un lavoro cognitivo, in questo caso al subtest VC, l'incremento del +14% della potenza mentale totale, sta a significare che questa è aumentata perché il tempo complessivo del subtest, per il 2014, registra un incremento del +28% e un +50% del carico di lavoro.

Essendo il tempo al subtest VC un tempo verbale, al suo incremento corrisponde un incremento dello spazio verbale (+76 sillabe) del 31%.

Quindi si potrebbe supporre la seguente relazione:

+ consumo risorse mentali + spazio verbale prodotto + velocitò verbale.

Infatti per il 2012 la velocità verbale calcolata è +1,25 sill./sec; per il 2014 +1,27 sill./sec (+0,02 sill./sec).

L'incremento, pur esiguo, della velocità di produzione verbale viene riportato per meglio comprendere le dinamiche sottostanti le relazioni fra carico di lavoro, potenze mentali totali e carico verbale.

Il 14% in più di consumo di risorse mentali, rispetto all'incremento del 50% al carico di lavoro totale, corrisponde a +0,03 di potenza mentale totale.

Tale incremento potrebbe riguardare, nello specifico della sinergia funzionale al subtest VC del 2014 la fluidità verbale (A +0,01), l'accesso al lessico più immediato (C +0,01), la strutturazione frasale più coesa (E +0,01) e quindi l'intenzionalità comunicativa globale, cioè le caratteristiche tipiche dell'anticipazione mentale verbale rispetto alla domanda.

L'andamento di D (interpretazione) al carico di lavoro +20% di energia mentale e il mantenimento dello stesso valore 0,04 alla potenza mentale, è sicuramente dipendente dalla constatazione che il fenomeno linguaggio per VC è prodotto in modo automatico e che i livelli di comprensione, a tale subtest rispetto agli altri della scala verbale, sono in crescita.

Le categorie A e C registrano, entrambe, un incremento del 33%.

I due processi sono tra loro interconnessi in quanto può, a volte, essere l'attenzione a permettere il recupero dalla memoria delle informazioni; mentre altre volte può la memoria stessa favorire una maggiore attenzione. Quindi C correla con A e viceversa A correla con C. Tale correlazione, diversamente dagli altri subtest della scala verbale, è mantenuta anche per il 2014.

A, è una variabile dipendente dal livello di comprensione attivata (D), non si può essere attenti, infatti, rispetto a qualcosa che non si comprende. Ma anche C risulta essere dipendente dalle conoscenze di cui il soggetto è in possesso, in quanto non è possibile ricordare ciò che non si è stabilmente appreso.

Il recupero alla sinergia funzionale (A +33%; C +33%; E +33%), determina il significativo incremento della riuscita al subtest VC che registra, alla scala verbale, il carico di lavoro più elevato. Il suo andamento risulta, infatti integralmente omogeneo, recuperando totalmente la asinergia funzionale registrata alla data del 2012.

Grazie anche all'intervento riabilitativo attivato che ha permesso la riorganizzazione della mente, senza però poter intervenire sul deficit di intelligenza cristallizzata che si incrementa.

In base a quanto verificato ampiamente dall'andamento della sinergia funzionale per il 2012 e per il 2014, dallo studio del *caso* in esame, si potrebbe definire l'atto cognitivo a VC, piuttosto che di tipo componenziale, come un atto multifunzionale, dato che alcune funzioni subiscono cambiamenti strutturali radicali, in relazione a stimoli esterni uguali ma riproposti nel tempo.

Il subtest CF alla scala di performance è quello che meglio correla con il subtest VC della scala verbale, infatti attiva in analogia con l'altro, la risposta di denominazione verbale, a partire però dal ragionamento visivo.

Segue quindi un circuito cerebrale differente per la transcodifica visuo-verbale dell'immagine, rendendola disponibile alla corrispondente elaborazione semantica della parola. Tale circuito sarebbe lo stesso attivo durante la decodifica delle parole numero (cap. 7.1).

21. Analisi del subtest completamento di figure (CF) per il 2012 e 2014

Al Subtest CF si evidenzia che il decremento della Potenza mentale totale pari a −4% correla con il −4% al tempo verbale.

CF è un subtest deduttivo al quale è possibile attribuire, per gli aspetti deduttivo-visivi, l'incremento percentuale del III blocco di Lurja alle performance pari al 9% (Tab. 1 pag. 148).

Dall'analisi della sinergia funzionale alle categorie, per il subtest, si individua +100% di attenzione visiva in quanto il subtest necessita di più risorse per compiere l'esplorazione visiva delle immagini.

Poiché la prestazione al subtest risulta nella norma (sia per il 2012, sia per il 2014), non si evidenziano deficit funzionali specifici, ma solamente il recupero di risorse cognitive tramite flessibilità mentale.

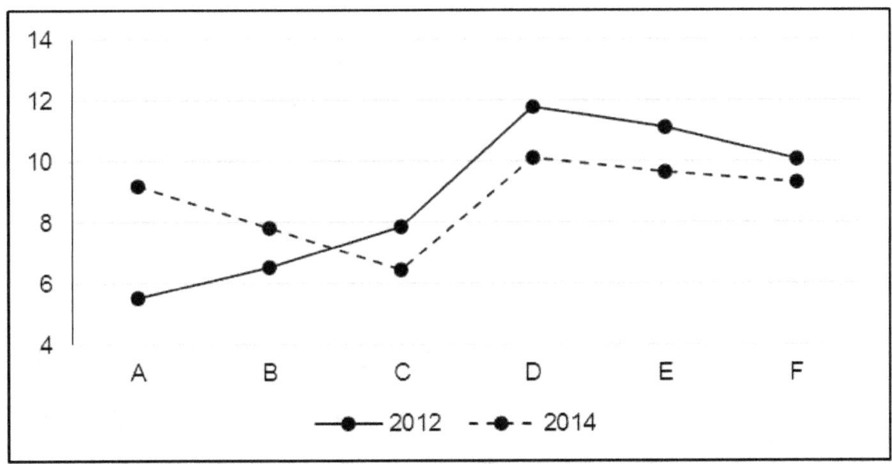

Fig. 1 – Andamento carichi di lavoro al subtest CF per il 2012 e 2014

Tab. – 1 Valori delle potenze delle categorie al subtest CF per il 2012 e 2014

	Potenze categorie al subtest CF			
	anno 2012	anno 2014	differenza 2014 – 2014	2014 – 2012 in %
A	0,02	0,04	0,02	100
B	0,03	0,03	0	0
C	0,03	0,03	0	0
D	0,05	0,04	−0,01	−20
E	0,04	0,04	0	0
F	0,04	0,04	0	0

Tab. 2 – Analisi dei dati ricavati per il subtest CF

CF	2012	2014	Differenza 2014-2012	Differenza in %
Carico di lavoro totale in %	53,00	53,00	0,00	0
Potenza: carico di lavoro / tempo	0,21	0,21	0,00	0
Tempo esecutivo totale in sec	255,00	247,00	−8,00	−3
a. Spazio verbale	29,00	32,00	3,00	10
b. Tempo verbale	23,00	22,00	−1	−4
Risposte	17,00	19,00	2,00	12
Velocità produzione verbale (sill./sec)	1,25	1,45	0,20	16

a. Spazio verbale, il valore del 2014 è dedotto con proporzione.
b. Tempo verbale, il valore del 2014 è dedotto con proporzione.

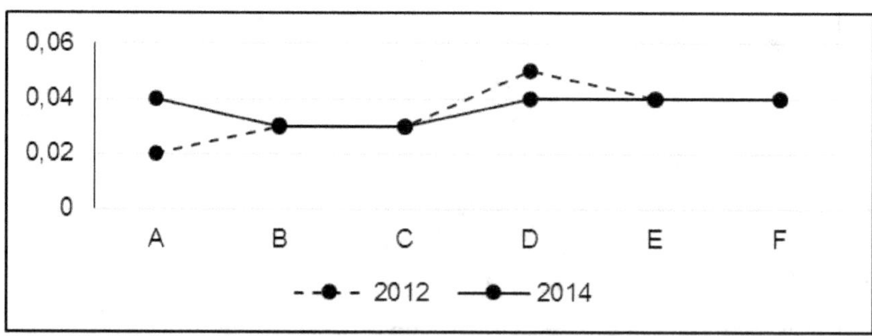

Fig.2 – Andamento sinergia funzionale al subtest CF

CF segue quindi un circuito cerebrale differente da VC, specifico per la transcodifica visuo-verbale dell'immagine, rendendola subito disponibile alla corrispondente elaborazione semantica della parola.

Tale circuito sarebbe lo stesso attivo durante la decodifica delle parole numero (capitolo 7.1) in quanto riguardante il medesimo assetto funzionale.

Il subtest CF, quindi, correlerebbe con la tipologia della transcodifica attivata per la lettura delle parole numero e definita, da chi scrive, visuo-verbale-semantica.

La velocità di lettura delle parole numero (1,88 sill./sec) registra +28% rispetto alla velocità delle parole al 2014 (1,47 sill./sec) comprendendo anche aspetti visivi.

Per CF si registra un incremento percentuale +16% della velocità di produzione verbale (sill./sec) per la denominazione dell'immagine e +9% per gli aspetti deduttivo-visivi al III blocco di Lurija (performance). Quindi gli incrementi alle due velocità potrebbero correlare in quanto riguardanti il medesimo circuito funzionale.

Poiché durante il percorso riabilitativo, la decodifica della parola numero non è mai stata allenata, il parallelo incremento della velocità verbale, degli aspetti visivi a CF, e alla decodifica delle parole numero, potrebbe essere attribuito all'approccio cognitivo rappresentazionale attuato.

Anche da alcune considerazioni di Piaget ("l'immagine mentale nel bambino", 1974) è possibile dedurre come la funzione simbolica delle immagini, parallelamente a quella del linguaggio, implichi che esse vengano conosciute in forma concettualizzata (differenziazione tra significanti e significati), dato che il loro significato effettivo va cercato nel concetto che esse rappresentano.

Le parole del linguaggio, infatti pur contenendo sempre secondo Piaget, aspetti fonematici e sintattici che possono essere isolati e singolarmente presi in considerazione sono, in ultima analisi, solidali solo alla loro semantica, cioè alla loro effettiva concettualizzazione.

Trasformando tali considerazioni sul piano della decodifica delle parole numero, secondo l'approccio ipotizzato visuo-verbale-semantico è evidente come la loro lettura avvenga a partire dalla percezione organizzata della loro morfologia visiva, poiché la prima costituisce lo strumento essenziale della conoscenza stessa, che evoca però contestualmente e a diversi gradi di assimilazione, la loro forma concettualizzata sia sul piano visivo che verbale.

Per CF quindi il mantenimento della stessa potenza mentale totale al 2014 sostiene lo stesso carico di lavoro (53%), su un tempo verbale esecutivo inferiore del 4%; inoltre permette di elaborare contestualmente un numero maggiore di informazioni pari a +10% di sillabe verbali prodotte, e di incrementare del 16% la velocità di produzione verbale.

Tali cambiamenti non sarebbero stati evidenziati se si fosse tenuto conto solo del punteggio ottenuto ai PP 10 per il 2012, 10 per il 2014; né si sarebbero potuti dedurre dai soli carichi di lavoro (53%). Tale riflessione conferma il valore qualitativo dell'analisi effettuata sui dati secondo la metodologia adottata.

22. Analisi del subtest memoria di cifre (MC) per il 2012 e 2014

Fig. 1 – Andamento carichi di lavoro al subtest MC per il 2012 e 2014

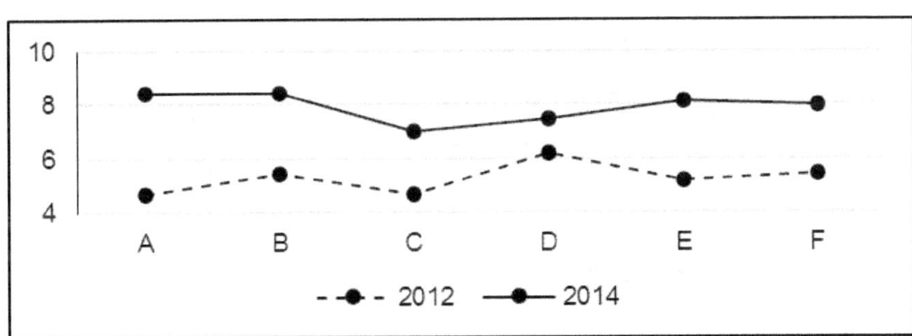

Poiché l'incremento alla velocità di decodifica delle parole nel 2014 è +183%, dato quantitativamente significativo rispetto agli incrementi di velocità dei dislessici dei campioni di riferimento utilizzati (capitolo 5), si suppone che possa essere stata l'efficacia della terapia a produrlo.

Il miglioramento non sarebbe, però, relativo alla via visuo-verbale-semantica, ma riguarderebbe l'aspetto fonologico comunque potenziato dal tipo di intervento attuato.

Per tentare di trovare le giuste correlazioni con tale affermazione si procede all'analisi del subtest MC che, essendo definito in letteratura in grado di valutare le capacità di attenzione uditiva, di discriminazione uditiva e di evidenziare deficit ai meccanismi automatici di decodifica uditivo-verbale delle informazioni risulta, all'interno della WISC-III, il subtest più adatto ad essere confrontato con la velocità di lettura su base fonologica.

Analizzando i dati della tabella (Tab.2, pag 142) si deduce che per MC il +29% alla potenza mentale totale per il 2014 (+0,30) sostiene il +47% in più del carico di lavoro; il +17% del tempo esecutivo; il +145% di sillabe verbali prodotte; il +111% di velocità di produzione verbale (+0,81 sill./sec).

Tab 1 – Potenze categorie per il subtest MC nell'anno 2012 e 2014

	anno 2012	anno 2014	differenza 2014 – 2012	differnza in % 2014 – 2012
A	0,16	0,24	O,08	50
B	0,18	0,24	0,06	33
C	0,16	0,20	0,04	25
D	0,21	0,21	0,00	0
E	0,17	0,23	0,06	35
F	0,18	0,23	0,05	28

Tab. 2 – Analisi dei dati ricavati per il subtest MC

MC	2012	2014	*Differenza 2014-2012*	*Differenza in %*
Carico di lavoro totale in %	32,00	47,00	15,00	47
Potenza: carico di lavoro / tempo	1,05	1,35	0,30	29
Tempo esecutivo verbale in sec	30,00	35,00	5,00	17
Spazio verbale	22,00	54,00	32,00	145
Tempo verbale	30,00	35,00	5	17
Risposte	14,00	36,00	22,00	157
Velocità produzione verbale (sill./sec)	0,73	1,54	0,81	111

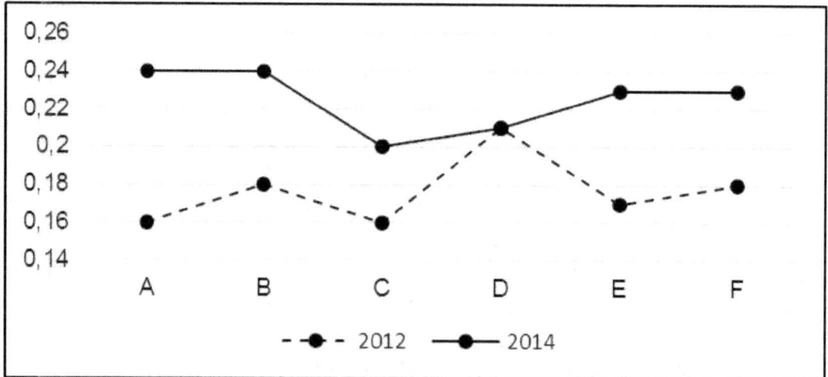

Fig. 2 – Andamento potenze delle categorie al subtest MC per il 2012 e 2014

Dalla sinergia funzionale alle categorie del subtest (Tab. 1, pag. 142) emerge che D non subisce incrementi percentuali, infatti a tale subtest non è richiesto l'uso dell'intelligenza cristallizzata, poiché la comprensione lessicale dei numeri necessita di un impegno minimo di interpretazione. Probabilmente, quindi, per la flessibilità mentale che il *caso* riesce ad attivare le risorse, non utilizzate di D, si distribuiscono per sinergia funzionale in modo percentuale diverso sulle restanti categorie.

Il richiamo delle informazioni (C) evidenzia un incremento del 25%, ciò sta a significare che la categoria necessita di un impegno maggiore di risorse cognitive che prima, però, non erano disponibili.

Prima di tentare la ricerca delle possibili correlazioni tra le velocità di produzione verbale di MC e la velocità di decodifica alle parole, si procede ad una analisi dei contenuti dei subtest. Questo richiede compiti esecutivi privi di una semantica esplicita e, pur essendo dipendente da molteplici variabili anche di tipo emotivo, è l'espressione di un compito meccanico-associativo; tali modalità operative costituiscono, come più volte rilevato, il deficit più evidente per il *caso* in esame.

In generale si può comunque affermare che le prestazioni non collegate da nessi logici, possono essere sufficientemente espletate solo se risultano elevati i livelli di attenzione, in questo caso uditiva, sul compito richiesto. Ciò renderebbe ragione di quanto rilevato dall'incremento della categoria A che registra per il 2014 un +50% che andrebbe a compensare il deficit precedente.

Inoltre il miglioramento registrato a MC (+47% di carico di lavoro) confermerebbe la maggiore accessibilità alla manipolazione dei segmenti lessicali appartenenti al lessico numerico (parallelo con il compito dello sponerismo per i numeri) rispetto alla difficoltà a recuperare i dati verbali (ricordo immediato a −1.70 ds per il 2014; mentre quello selettivo differito è a +1.25 ds sempre per il 2014, capitolo 9). Il migliore accesso ai dati numerici avvalorerebbe ulteriormente quanto rilevato sulla velocità di decodifica alle parole numero, ma anche quanto la presentazione e la percezione di uno stimolo in formato compatto e veloce (la presentazione dei numeri in successione viene effettuata sulla base di una cifra al secondo) possano mantenere attiva l'attenzione uditiva e facilitare, quindi, l'operatività dello span di memoria potenziandolo. Il migliore possesso del lessico categoriale numerico influenza positivamente la velocità di produzione verbale, che al subtest passa da 0,73 sill./sec per il 2012 a 1,54 sill./sec per il 2014, ovvero + 0,81 sill/sec. Poiché a (capitolo 7) si è affermato che la bassa capacità di concettualizzazione potrebbe determinare ridotte capacità ad organizzare materiale verbale (e non solo verbale) in modalità sintetiche e salienti, indispensabili alla formazione di schemi mentali efficaci e immediatamente fruibili, il miglioramento alla potenza della categoria E (concettualizzazione) + 35% alla sinergia funzionale e il +6,72 di punti percentuali alla dinamica della sinergia funzionale per il 2014 (pag. 179), potrebbero dimostrare l'influenza positiva dell'approccio riabilitativo sul rendimento globale della prestazione, che prevede appunto la manipolazione dei dati numerici.

La letteratura di riferimento sul subtest MC, evidenzia come una caduta nelle cifre avanti, pur molto rara nei soggetti normali, sia attribuibile a deficit dei meccanismi automatici uditivo-verbale delle informazioni per bassa capacità di attenzione, concentrazione, discriminazione uditiva.

Il *caso* in esame alla data del 2012 raggiunge lo span in avanti un punteggio pari a 2 punti grezzi, pur non presentando deficit di discriminazione uditiva, che risulta essere alla BVN del 2009 nella norma. Nella norma risultano, inoltre, anche lo span diretto e inverso (BVN, 2009). Mentre alla WISC-R del 2009 MC risulta a 6 PP, prestazione identica alla WISC-III del 2012.

Dato che tale subtest correla in modo significativo con l'ansia da prestazione dando origine a risultati quantitativamente e qualitativamente diversi, è supponibile che alla data di somministrazione del subtest alla WISC-III del 2012, la prestazione abbia risentito durante la prova di tale implicazione.

Per il 2014 il *caso* ha totalizzato per le cifre in avanti 7 punti grezzi; mentre per le cifre inverse 6 punti grezzi (nel 2012 risultavano essere 4).

In letteratura è proprio a quest'ultima prova che viene attribuita, per i soggetti ansiosi, la caduta della prestazione a causa delle difficoltà implicate nella riorganizzazione e nella sintesi dei dati.

Ma ad una analisi più approfondita, a parere di chi scrive, la manipolazione dei dati si verifica maggiormente proprio nelle cifre in avanti, rispetto a quelle inverse. In quest'ultima serie le cifre risultano essere nello spazio-tempo mentale che le percepisce e le rappresenta effettivamente una accanto all'altra anche se vengono verbalizzate in senso retrogrado

(5   –   7   –   4).

Mentre sarebbero le cifre in avanti a richiedere nello spazio-tempo mentale che le percepisce e le rappresenta una effettiva manipolazione per la loro riorganizzazione verbale spazio-temporale

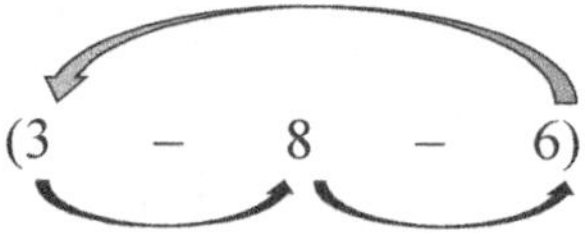

(3   –   8   –   6)

che procede, inizialmente in modo inverso per risalire alla prima cifra pronunciata dall'esaminatore, e poi procede in senso diretto fino all'ultima cifra per la verbalizzazione, con un aggravio sia dello spazio che del tempo in modo progressivo in base al numero delle cifre percepite e pronunciate. Questo ragionamento potrebbe rendere ragione della constatazione per cui, diversi bambini con difficoltà visuo-spaziali, riescono a raggiungere prestazioni migliori allo span inverso, piuttosto che allo span diretto.

La velocità di produzione verbale calcolata per MC dal 2012 al 2014: da 0.73 sill./sec a 1.54 sill./sec registra +111%; la velocità di lettura alle parole dal 2012 al 2014: da 0.52 sill./sec a 1.47 sill./sec +183%.

	MC		
Velocità di produzione verbale calcolata sill./sec			
da	0,73	1,54	+111%
anno	2012	2014	incremento %
da	0,52	1,47	+183%
Velocità di lettura delle parole calcolata sill./sec			
	MC		

Tab. 3 – Velocità di produzione verbale e velocità di lettura

La differenza tra la velocità ad MC del 2012 e la velocità di lettura alle parole, alla stessa data, è di 0,21 sill./sec a favore della produzione verbale; mentre per il 2014 tale differenza scende a +0.07 sill./sec sempre a favore della produzione verbale, quindi anche la differenza tra le due velocità si riduce di un terzo, mantenendo un rapporto appartenente ad un ordine di grandezza costante. Ciò potrebbe significare che tale circuito funzionale riguardante la velocità di elaborazione linguistica, dato che la differenza si riduce secondo formati, compatti e stabili, sia organizzato per l'aspetto verbale in modo funzionalmente identico, sebbene affronti compiti differenti. Recupero di informazioni verbali in formato uditivo numerico per MC e recupero di informazioni verbali per la decodifica alla lettura di parole tramite la via fonologica (uditivo verbale).

Tale sistema permetterebbe, nel tempo, alle due velocità codifiche verbali sempre più veloci e rapide. Confermando sia la modalità di funzionamento del sistema cognitivo su base fonologica per MC, che per la lettura fonologica; sia il comportamento unitario della mente (per il *caso* in esame) rispetto a compiti diversi quando vengono attivate le medesime funzioni su base induttiva e di assemblaggio di informazioni.

In termini percentuali le due velocità a MC e alla decodifica si incrementano rispettivamente del +111% e del +183%, nello stesso arco di tempo, con un decremento del 39% della velocità di produzione verbale a MC rispetto alla decodifica. Ma considerando che MC prevede solo un compito verbale, mentre la decodifica implica l'integrazione di competenze anche visive, la percentuale eccedente potrebbe essere relativa all'incremento registrato al II blocco di Lurija alle performance +47% per il 2014 (Tab. 1, pag. 149).

Tale ipotesi viene anche verificata al subtest DC, poiché implica processi induttivo-visivi, di tipo seriale, analoghi all'approccio fonologico uditivo-verbale alla decodifica delle parole.

23. Analisi del subtest disegno dei cubi (DC) per il 2012 e 2014

Fig. 1 – Andamento carichi di lavoro al subtest DC per il 2012 e 2014

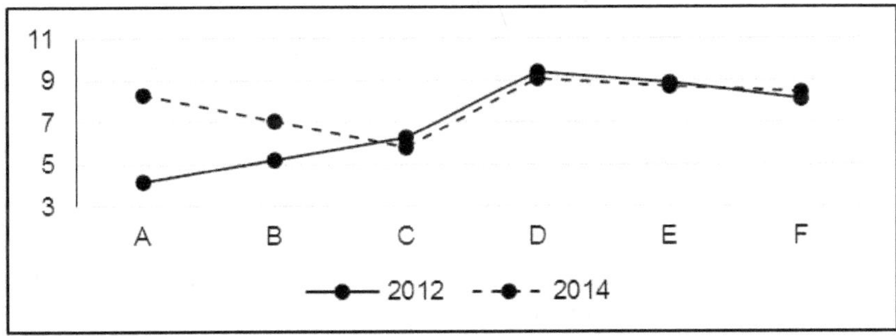

Tab 1 – Potenze categorie per il subtest DC nell'anno 2012 e 2014

	anno 2012	anno 2014	differenza 2014 – 2012	differnza in % 2014 – 2012
A	0,02	0,04	O,02	100
B	0,03	0,03	0,00	0
C	0,04	0,03	−0,01	−25
D	0,05	0,04	−0,01	−20
E	0,05	0,04	−0,01	−20
F	0,05	0,04	−0,01	−20

Tab. 2 – Analisi dei dati ricavati per il subtest DC

DC	2012	2014	Differenza 2014-2012	Differenza in %
Carico di lavoro totale in %	42,00	47,00	5,00	12
Potenza: carico di lavoro / tempo	0,25	0,22	−0,03	−12
Tempo esecutivo totale in sec	171,00	215,00	44,00	26

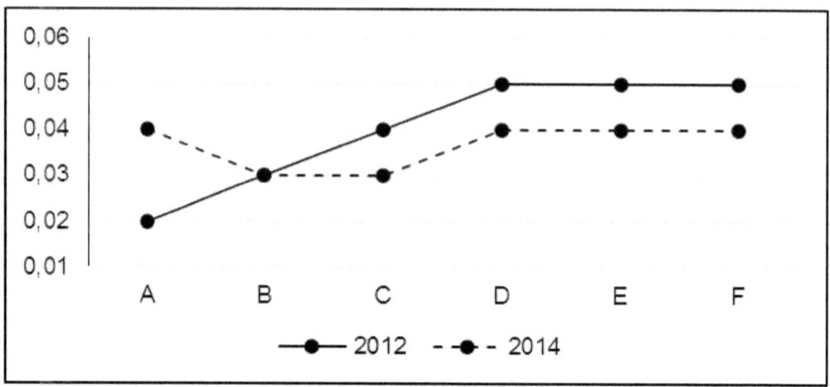

Il −12% di potenza mentale totale al subtest (DC) da 0,25 per il 2012, a 0,22 per il 2014 che rappresenta la riduzione delle risorse cognitive necessarie ad espletare il compito, sostiene il +12% di carico di lavoro; il +26% di tempo esecutivo totale (Tab.2, pag. 147).

Alle potenze delle categorie per il subtest DC (Tab- 1, pag. 147) si registra per il 2014 rispetto al 2012 +100% per l'attenzione visiva; −25% per il recupero dell'informazioni visive; −20% per l'interpretazione; −20% per la concettualizzazione; −20% per la costruzione della risposta.

Il vero recupero alla sinergia funzionale a tale subtest è rappresentato sia dal decremento registrato alle categorie C-D-E-F, che necessitano di meno risorse per permettere prestazioni migliori, sia dall'incremento percentuale registrato alla categoria A.

Il +111% della velocità di produzione verbale, calcolata ad MC del 2014 rispetto al 2012, e più 100% di attenzione visiva a DC potrebbero correlare con il +183% registrato alla velocità di decodifica delle parole per il 2014, tenendo conto che a DC, per la costruzione della risposta visiva si registra −20% per il 2014.

Tale verifica conferma ulteriormente l'ipotesi della correlazione esistente tra la velocità verbale e velocità di decodifica quando entrambe siano attivate da processi induttivi.

Confermerebbe inoltre la medesima correlazione per gli aspetti visivi quando entrambi attivati da processi su base induttiva.

Da ultimo avvalorerebbe la possibile correlazione tra analisi di alcuni subtest alla WISC-III e la velocità di decodifica.

24 Analisi dei dati relativi alle potenze mentali ai blocchi di Lurija

Tab. 1 – Valori delle Potenze mentali ai blocchi di Lurija

	Verbale	Performance	Verbale – Performance
Potenze totali anno 2012			
I blocco	0,06	0,02	
II blocco	1,75	0,55	
III blocco	1,99	0,93	
Totale 3 blocchi	3,80	1,51	2,29
Potenze totali anno 2014			
I blocco	0,08	0,03	
II blocco	2,26	0,81	
III blocco	2,23	1,01	
Totale 3 blocchi	4,58	1,85	2,73
Incremento percentuale tra totale dell'anno 2014 su totale anno 2012			
	21%	23%	19%
Incremento percentuale anno 2014 su anno 2012			
	Verbale	Performance	
I blocco	33%	50%	
II blocco	29%	47%	
III blocco	12%	9%	

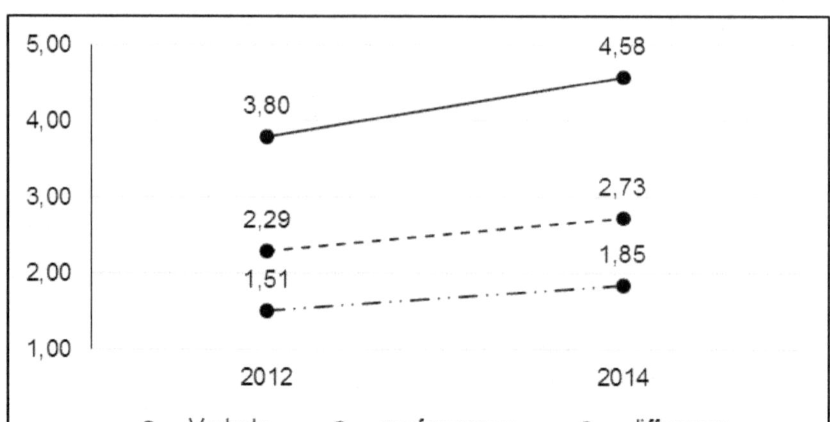

1. Commento alla tabella delle potenze mentali ai blocchi di Lurija

Le Potenze mentali calcolate ai blocchi di Lurija rappresentano le risorse cognitive di cui, il *caso* in esame, è in possesso per l'espletamento dei compiti richiesti alla WISC-III.

I valori delle potenze mentali si incrementano dal 2012 al 2014 alla scala verbale nel seguente modo:

➢ al I   blocco verbale +33%;
➢ al II blocco verbale +29%;
➢ al III blocco verbale +12%.

Nei valori totali si incrementa del 21%.

Alla scala di Performance si registrano al:

➢ I blocco +50%,
➢ II blocco +47%;
➢ III blocco +9%;

nei valori totali s'incrementa del 23%.

L'incremento percentuale rispetto ai totali del II e III blocco è pari a +19%.

Poiché la lettura su base fonologica è data dall'assemblaggio di informazioni è ipotizzabile che, all'incremento della velocità di decodifica (+183% al secondo) abbiano contribuito le percentuali di incremento registrate ai blocchi funzionali-

L'incremento percentuale più elevato ai blocchi si ha alla registrazione dello stimolo, cioè al I blocco, quindi migliorerebbe la registrazione dei dati in entrata sia verbali che visivi, che avverrebbero in modo più efficace producendo l'automatizzazione dei processi attentivi.

Gli incrementi al II blocco permetterebbero un processamento dei dati più efficiente al fine della costruzione della risposta, su base induttiva, mediante operazioni di assemblaggio.

Al II blocco spettano, infatti, funzioni selettive e specifiche di assemblaggio, oltre alla selezione degli stimoli, per cui gli analizzatori corticali sono molto numerosi ed altamente specializzati.

Al III blocco, invece, spettano funzioni superiori di ragionamento meno specifiche ma qualitativamente più elaborate per cui, un numero inferiore di neuroni svolgono compiti più elevati, in modo meno differenziato, ma più complesso.

Gli incrementi registrati al III blocco (+12% al verbale; +9% al visivo) potrebbero aver contribuito alla registrazione del più 28% di velocità alla decodifica delle parole numero, rispetto a quella registrata per le parole nel 2014; dato che la loro lettura procederebbe in parte, per assemblaggio di segmenti lessicali significativi che corrispondono alla sintassi della parola numero letta, e in parte per via deduttiva rispetto alla semantica espressa dalla parola numero; usufruendo sia degli incrementi percentuali registrati alla decodifica delle parole per il 2014, sia degli incrementi percentuali al III blocco. I miglioramenti ottenuti sia al II che al III blocco evidenziano la riduzione della disprassia funzionale al pensiero induttivo che rende possibili processamenti più efficienti e migliora la flessibilità mentale al terzo blocco di Lurija.

25 Analisi dei pesi percentuali alla produzione verbale ai subtest MC–CF e alla decodifica delle parole, parole numero per il 2012-2014

Tab.1 – Analisi dei pesi percentuali alla produzione verbale per MC e CF (2012, 2014)

	anno 2012			anno 2014		
	MC	CF	MC/CF	MC	CF	MC/CF
Tempo verbale (sec)	30	23	1,30	35	22	1,59
Numero sillabe (sill.)	22	29	0,76	54	32	1,69
Numero parole	14	17	0,82	36	19	1,89
Sillabe medie per parola (sill.)	1,57	1,71	0,92	1,5	1,68	0,89
T.verbale / N.parole. sec/sill.	2,14	1,35	1,58	0,97	1,16	0,84
Secondi per sillaba sec/sill.	1,36	0,79	1,72	0,65	0,69	0,94
Peso % sec/sill. su T. verb.le/N. parole	64	59	1,09	67	59	1,12

Tab.2 – Analisi dei pesi percentuali alla decodifica per il 2012

	Parole lette 140 – anno 2012		
	Parola	Parola numero	Brano
Tempo totale (sec)	4,75	11,1	358
Numero sillabe medie	2,5	7,33	297
Tempo lettura sillaba (sec/sill.)	1,9	1,61	1,21
Peso percentuale lettura sillaba / tempo totale	40%	14%	0,34%
Tempo medio lettura parole nel brano (sec)			2,56
Peso percentuale totale tempo lettura sillaba / tempo lettura parola nel brano			47%

Tab.3 – Analisi dei pesi percentuali alla decodifica per il 2014

	Parole lette 150 – anno 2014		
	Parola	Parola numero	Brano
Tempo totale (sec)	1,63	4,07	240
Numero sillabe medie	2,5	7,33	348
Tempo lettura sillaba (sec/sill.)	0,65	0,52	0,69
Peso percentuale Lettura sillaba / tempo totale	40%	14%	0,29%
Tempo medio lettura parole nel brano (sec)			1,60
Peso percentuale totale tempo lettura sillaba / tempo lettura parola nel brano			43%

Tab. 4 – riduzione percentuale tempi di lettura dal 2012 al 2014

	anno 2012	anno 2014	scarto in %
Parole	4,75	1,63	-66
Parole numero	11,1	3,84	-65
Brano	358	240	-33

Tab. 5 – rapporti tempi di lettura

	Parola / parola numero	Brano / parola	Brano / parola numero
anno 2012	1,25	0,63	0,80
anno 2014	1,24	1,06	1,32

1. Commento alla tavola

Il tempo parola, per MC, si riduce del 120% (da 2,14 del 2012 a 0,97 del 2014).

La riduzione del tempo in sec/sill. è per MC pari a −52% (da 1,36 sec/sill. del 2012 a 0,65 sec/sill. del 2014. È da evidenziare che il valore in secondi sillaba per MC del 2014 corrisponde al valore in sec/sill. della decodifica delle parole alla stessa data (0,65 sec/sill.).

Il peso percentuale del tempo-sillaba (in sec/sill.) alla produzione verbale di MC, sul totale del tempo parola, s'incrementa per il 2014 del 5% passando dal 64%/sec (2012) al 67%/sec (2014). Tale incremento è relativo al +47% del carico di lavoro al subtest.

La riduzione del tempo parola è del 16% a CF (da 1,35 a 1,16). La riduzione del tempo in secondi sillaba, sempre a CF, è del 14% (da 0,79 a 0,69); tali dati correlano con il +12% del III blocco verbale di Lurija, trattandosi di un compito deduttivo.

Il peso percentuale in sec/sillaba alla produzione verbale per CF, sul totale del tempo parola, dal 2012 al 2014 rimane invariato al 59%.

Il confronto tra il peso percentuale alla produzione verbale in sec/sillaba tra MC (64%) e CF del 2012 (59%) è del −8% a favore di CF. Lo stesso confronto in valori percentuali passa, alla data del 2014, a −14% sempre a favore di CF (dal 67% al 59%). Tale valore percentuale corrisponde alla riduzione del tempo in secondi sillaba.

Quindi anche se la prestazione ad MC (+47% di carico di lavoro) si incrementa maggiormente rispetto a quella di CF che invece mantiene lo stesso valore al carico di lavoro (53%), lo scarto percentuale tra i pesi della prestazione verbale in sillabe al secondo fra i due subtest aumenta.

Lo scarto percentuale tra i secondi sillaba delle parole nel 2012 (1,90 sec/sill.) e le parole numero del 2012 (1,51 sec/sill.) è del −26% a favore delle parole numero; tale valore correlerebbe con il +26% della potenza mentale totale della categoria verbale E (concettualizzazione: Tab. 1, pag. 178).

Lo scarto percentuale sul tempo parola per le parole è, per il 2014, −66%; il medesimo scarto per le parole numero è −65% e per il brano −33%.

Il peso percentuale dei secondi sillaba sul totale del tempo parola alle parole, è del 40% sia per il 2012, che per il 2014.

Il peso percentuale dei secondi sillaba sul totale del tempo parola alle parole numero è del 14% sia per il 2012 che per il 2014.

E' possibile quindi dedurre, da tali dati, che se fosse stata allenata una modalità di lettura su base deduttiva si sarebbero potuti ottenere, probabilmente, risultati migliori rispetto alla velocità di decodifica, poiché il deficit sarebbe stato compensato da un apprendimento ad approccio deduttivo più efficiente per il *caso* in esame.

Che il peso percentuale non si riduca né per le parole né per le parole numero alla data del 2014, probabilmente sta a significare che per il *caso* in esame non si produca ottimizzazione del meccanismo di decodifica alle due prestazioni, per deficit di automatizzazione degli apprendimenti come esposto a (capitolo 9)

L'automatismo della decodifica è dato dalla velocità di elaborazione dello stimolo che, per la presenza di un deficit, può risultare difficoltoso da raggiungere. La compensazione potrebbe avvenire, generalizzando, mediante apprendimento categoriale per quei soggetti che presentano aspetti di anticipazione mentale significativamente più funzionanti rispetto ai meccanismi induttivi. Qualsiasi conoscenza ottenuta mediante elaborazione, cioè apprendimento, per essere consolidata abbisogna di tempo e di esercizio perché i circuiti cerebrali possano organizzarsi in nuove sinapsi, strutturando connessioni stabili ed efficienti. Si può infatti rischiare di concettualizzare senza ottenere una efficace anticipazione mentale quando vengano utilizzati procedimenti induttivi deficitari, i quali possono compromettere unitarietà dell'assemblaggio in una sintesi produttiva, veloce e stabile, quale invece dovrebbe essere la decodifica.

Le supposte correlazioni tra gli incrementi alla velocità di produzione verbale e agli incrementi della velocità di decodifica, quando vengano utilizzati i medesimi circuiti cerebrali su base induttiva per le parole e per MC, o su base deduttiva per le parole numero e a CF potrebbero trovare, almeno in parte conferma dai dati. Infatti a MC si verifica oltre a +111% di incremento della velocità di produzione verbale in sillabe al secondo (alle parole +183% di sillabe al secondo); anche la corrispondenza per il 2014 dei secondi sillaba, 0,65 per entrambi i compiti. Naturalmente è necessario considerare per la decodifica anche l'incremento determinato dal miglioramento degli aspetti visivi. Infatti la verifica al II blocco di Lurija per le performance dell'incremento del 47% potrebbe rappresentarne il contributo visivo.

Per CF si verifica un incremento alla velocità di produzione verbale del +16% sill/sec, mentre alle parole numero +28% rispetto alla decodifica delle parole del 2014, ma essendo CF un test solo in parte verbale, è necessario tener conto anche dell'incremento dell'aspetto visivo pari a +9% per il III blocco di Lurija alle performance del 2014.

La supposta correlazione fra velocità di produzione verbale e velocità di decodifica potrebbe dipendere dall'utilizzo di un medesimo circuito funzionale. Dato che a VC tale correlazione non si evidenzia nonostante l'identità dello stesso strumento comunicativo, il linguaggio, rappresentato alla produzione verbale da uno spazio verbale, dato dal numero delle sillabe prodotte, da un tempo verbale dato in secondi e da una velocità. Tali elementi tra le due funzioni verbali andrebbero ulteriormente approfonditi.

In base alla diversa interpretazione della velocità di lettura in sillabe al secondo si potrebbe affermare che la decodifica risulti strettamente collegata, almeno per il *caso* in esame, alle funzioni cognitive e in ultima analisi, come fenomeno complesso, anche alle funzioni superiori del pensiero e quindi al QI mentale.

In base a questa analisi la strutturazione di un metodo riabilitativo incentrato sulla decodifica delle parole numero e sugli aspetti cognitivo-rappresentazionali-mentali di processamento e ragionamento numerico di problem solving; potrebbe risultare più funzionale alla riabilitazione della decodifica e non solo.

26 Correlazione tra velocità di produzione verbale e velocità di lettura

IL rapporto tra velocità di decodifica delle parole in sillabe al secondo (1,47 sill./sec) e velocità di produzione verbale ad MC in sillabe al secondo (1,45 sill./sec) per il 2014 è pari a 1,03.

Il rapporto tra velocità di decodifica delle parole numero in sillabe al secondo (1,88 sill./sec) e la velocità di processamento verbale a CF (1,54 sill./sec) è alla medesima data di 1,22.

I rapporti quindi correlano fra loro per quanto riguarda le due velocità, cioè quando sono implicati per i due diversi compiti i medesimi circuiti funzionali.

La correlazione tra decodifica e aspetti cognitivi alla WISC-III è confermata.

La supposta iniziale correlazione tra velocità di produzione verbale e velocità di decodifica, quando sono implicati i medesimi circuiti funzionali, è confermata.

Potenziare la simultaneità delle sinestesie motorio-dinamiche a quelle verbali numeriche, progressive e regressive, avrebbe potuto contribuire a raggiungere una sinergia funzionale più efficiente tra velocità verbale e tempo utilizzato per gli automatismi acquisiti, quindi anche per la lettura. Date le correlazioni verificate, per il caso in esame, tra velocità di produzione verbale e velocità di lettura (pag. 171).

27 Diversa possibile interpretazione della decodifica intesa come dinamica di relazioni tra risorse mentali al secondo calcolate sul tempo sillaba alle parole e alle parole numero del 2012 e 2014

L'ipotesi è che il tempo sillaba (secondi su sillaba) possa essere considerato come dinamica di relazioni delle unità di misura (pesi percentuali) espresse al secondo, in quanto tali valori rappresentano per estensione, anche le unità di misura delle risorse cognitive impegnate durante la decodifica al secondo. Dato che i tempi sillaba si riducono negli anni in quanto la velocità si incrementa, è proprio la riduzione delle risorse cognitive necessarie all'espletamento del compito ad evidenziare il miglioramento delle competenze al tempo sillaba.

Vengono quindi distribuite, in base ai diversi tempi sillaba per ciascuna delle modalità di lettura considerate, le unità di misura individuate, cioè i pesi percentuali, su ogni tempo sillaba per ricavare i singoli valori delle categorie. Il carico di lavoro totale alla lettura corrisponde al tempo sillaba, sia per il 2012 che per il 2014.

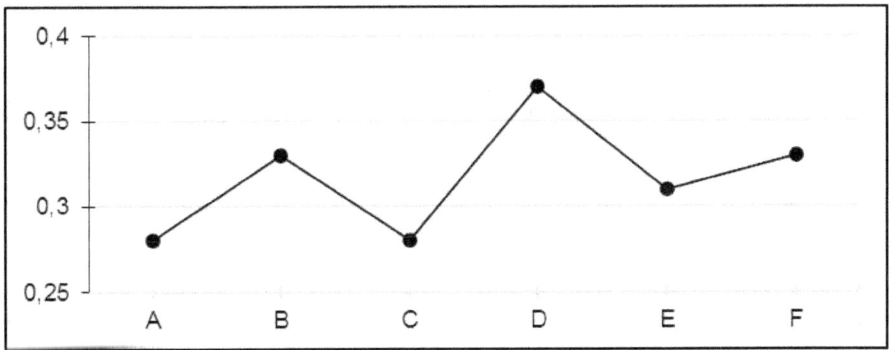

Fig. 1 – *Andamento della sinergia funzionale al carico di lavoro della decodifica delle parole del 2012 (categorie: tempo sillaba = 1,90 sec., media 0,32 sec.)*

La distribuzione dei singoli valori, rispetto al valore medio (0,32 sec) rappresenta la sinergia funzionale alle unità di misura mentali considerate per categoria (Fig. 1).

Il sovraccarico temporale alla categoria D (0,37) sta a significare quanto ancora sia elevato il peso dell'interpretazione, cioè della conversione del dato ortografico in dato fonologico, ai fini della decodifica e in quale misura ciò comporti anche l'impegno della concettualizzazione: categoria E (0,31 sec).

La distanza dal valore massimo (D: 0,37 sec) al valore minimo (A: 0,28 sec) è pari a 0,09 sec, tale dato rappresenta il fenomeno della dissipazione alla decodifica delle Parole per il 2012.

La dissipazione è attribuibile al peso percentuale degli errori di decodifica sul tempo sillaba pari al 5% (pag. 154). Infatti 0,09 sec rappresenta il 5% del tempo sillaba (1,90 sec).

L'aspetto visivo alla data del 2012 rappresenta il 40% delle risorse mentali utilizzate, la stessa percentuale viene quindi considerata attiva durante il carico di lavoro per la decodifica e simultanea all'aspetto verbale (0,76 sec). Tale dato si evidenzia anche alla verifica del Peso percentuale del tempo sillaba sul tempo parola pari al 40% alla data del 2012.

Alla data del 2014 per la decodifica delle parole si registra 0,65 sec/sill.

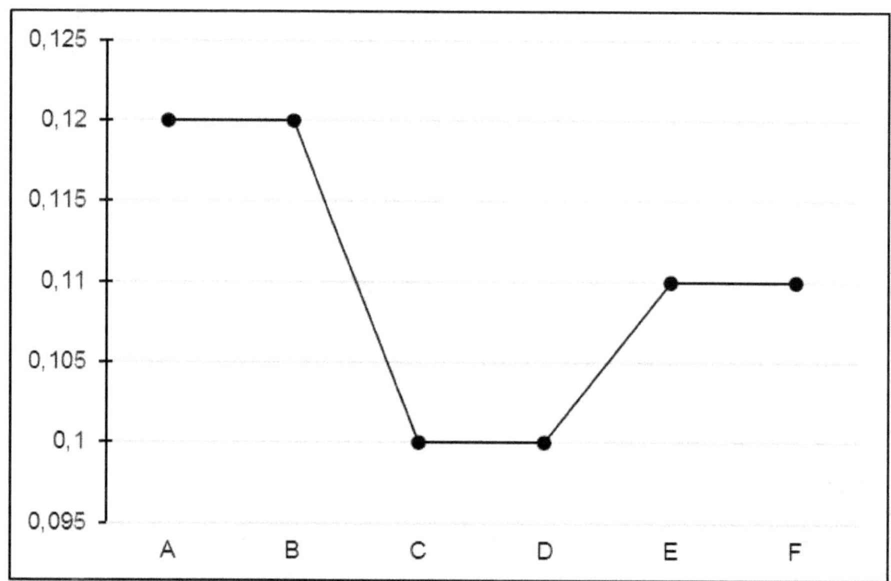

Fig. 2 – Andamento della sinergia funzionale al carico di lavoro alla decodifica delle parole per il 2014 (categorie: somma 0,65 sec., media 0,11sec.)

È verificabile dai dati che la sinergia funzionale, rispetto al 2012, migliora in quanto i valori delle singole categorie si avvicinano maggiormente al valore medio (0,11 sec) ciò sta a significare che è la riduzione del consumo di risorse cognitive misurate al secondo a favorire la lenta e progressiva automatizzazione della procedura.

Infatti la costruzione della risposta (F), rispetto al 2012, si riduce dell'82% in valori temporali, come anche si riducono le categorie di D ed E (Fig. 2).

Dato che all'analisi dei pesi percentuali del tempo sillaba (capitolo 25) sul tempo parola si verifica che la prestazione non si ottimizza, rimanendo sempre al 40% e che tale percentuale rappresenta anche alla data del 2014, ai blocchi di Lurija l'aspetto visivo sul verbale, viene applicata la stessa percentuale al carico di lavoro per l'attività di decodifica per il 2014, cioè al tempo sillaba (0,65 sec), considerandola simultanea all'aspetto verbale e pari a 0,26 sec.

Il valore della dissipazione è di 0,02 sec ed è, anch'esso, espressione del peso percentuale degli errori di decodifica sul tempo sillaba alla data del 2014, che scende dal 5% del 2012, al 3% sul tempo sillaba per il 2014 (capitolo 25); infatti 0,02 sec rappresenta il 3% dei sec./sill. cioè di 0,65 sec.

Alla data del 2012 per la decodifica delle parole numero si registra 1,45 sec/sillaba (Fig. 3).

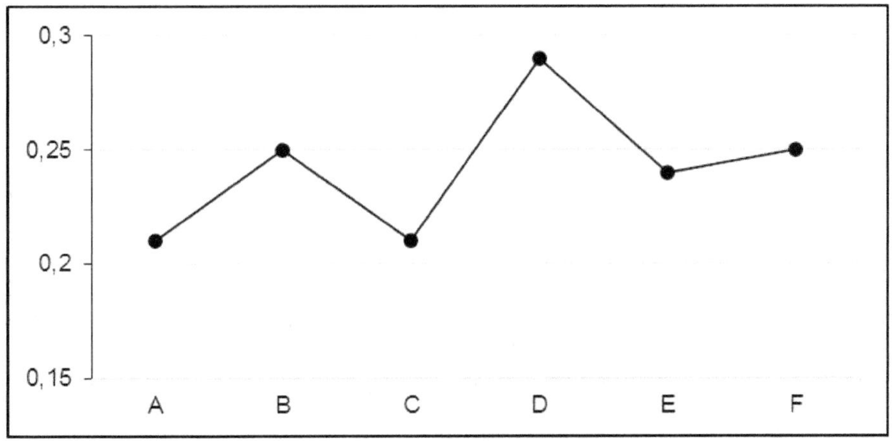

Fig. 3 – Andamento della sinergia funzionale al carico di lavoro della decodifica per le parole numero del 2012 (categorie: somma tempo sillaba 1,45 sec., media 0,24 sec.)

Tale andamento registra valori molto elevati alle categorie, comunque inferiori rispetto a quelli verificati alla medesima data al tempo sillaba della decodifica alle parole evidenziando, rispetto a quest'ultima, una sinergia funzionale migliore e quindi una decodifica fonologica comunque più fluida.

Il valore dell'aspetto visivo viene calcolato per la medesima percentuale (40% di 1,45 sec.) ed è pari a 0,58 sec.

Tale valore si riduce rispetto alle parole, per la medesima data del 31%, evidenziando il più alto livello di anticipazione mentale alla decodifica alle parole numero a partire già dal 2012.

Anche la costruzione della risposta (F) in valori temporali si riduce, rispetto a F delle parole del 32%.

Il valore della dissipazione è di 0,08 sec, meno 13% rispetto alle parole del 2012 (0,09 sec).

Alla data del 2014 per la decodifica delle parole numero si registra 0,53 sec/sillaba (Fig. 4).

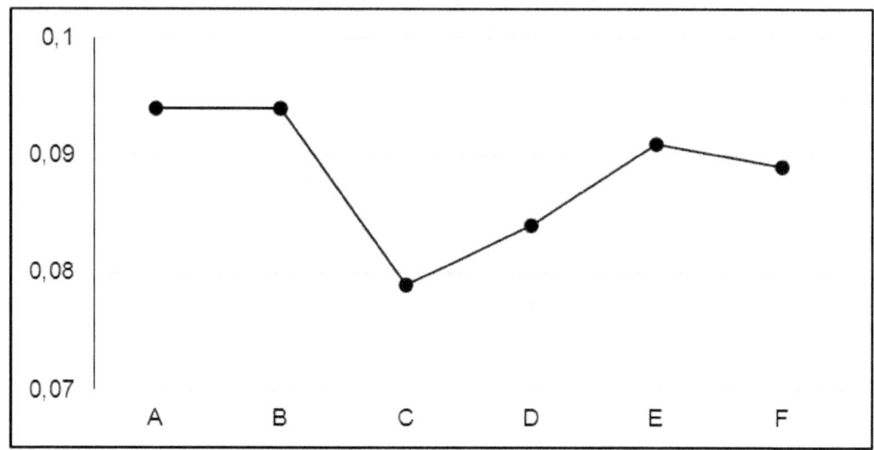

Fig. 4 – Andamento della Sinergia Funzionale al carico di lavoro per la decodifica delle parole numero alla data del 2014 (categorie: tempo sillaba 0,53 sec., media 0,088 sec.)

L'andamento dei valori alle risorse mentali, per il tempo sillaba alle parole numero per il 2014, è simile a quello della decodifica delle parole per il tempo sillaba del 2014 anche se i valori risultano significativamente ridotti. Cioè il consumo di risorse mentali per la decodifica delle parole numero è inferiore a quello delle parole per il 2014.

I livelli più bassi alle categorie D (interpretazione) e C (richiamo delle informazioni) sono conseguenza dell'anticipazione mentale per il potere di sintesi proprio della categoria numerica.

Il valore della dissipazione pari a 0,015 secondi si riduce rispetto al 2012 ma rappresenta sempre il 3% del tempo sillaba (0,53 sec/sill.) del 2014.

Il carico di lavoro al tempo sillaba equivale ai secondi sillaba calcolati per le diverse modalità di decodifica, quindi si riduce nel tempo in quanto la procedura viene progressivamente automatizzata.

28 Diversa possibile interpretazione della decodifica intesa come dinamica delle relazioni tra risorse mentali al secondo calcolate sulla velocità in sillabe al secondo

La velocità di decodifica, data dal rapporto spazio/tempo sintetizza la dinamica delle risorse mentali misurate in secondi utilizzate dalle diverse categorie e distribuite sulla velocità raggiunta.

Tale dinamica è l'espressione della sinergia funzionale al carico di lavoro per la velocità in base all'automatismo acquisito rispetto alla lettura.

Mentre al tempo sillaba il valore delle risorse mentali alle categorie diminuisce longitudinalmente, alla velocità il loro valore aumenta.

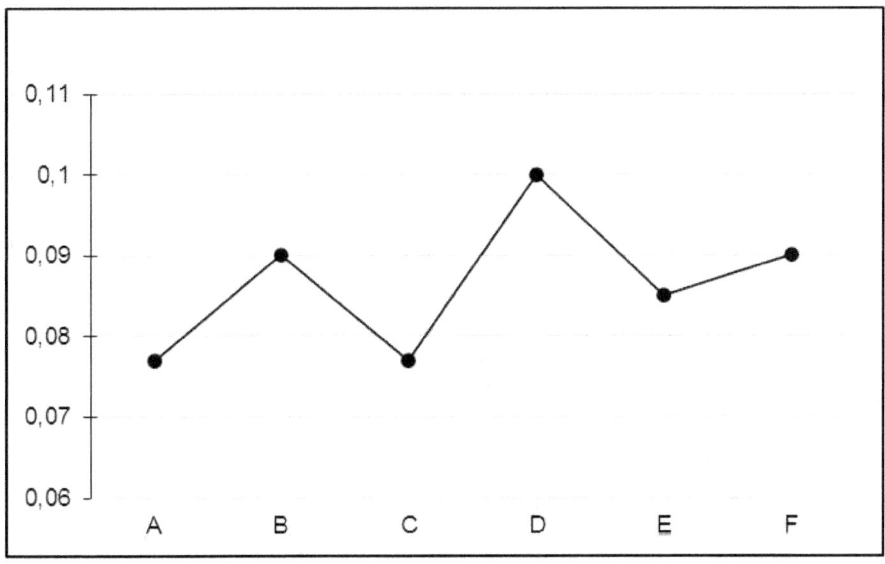

Fig. 1 – Andamento della sinergia funzionale al carico di lavoro alla velocità di decodifica delle parole per il 2012 (categorie: somma 0,52 sill./sec., media 0,087 sill./sec.)

I valori alle categorie delle risorse mentali utilizzate durante la decodifica delle parole sono bassi perché distribuiti su una velocità in sill./sec molto ridotta (Fig. 1)

Il valore più elevato alla velocità si riscontra alla categoria D (0,10 sec). Il dato rappresenta quanto, rispetto alle risorse possibili, tale categoria sia la più efficiente durante l'attività di decodifica nello stabilire la corrispondenza grafema/fonema.

I valori inferiori si riscontrano per A e C, entrambe le categorie hanno valori di 0,077 sec., ciò sta a significare che anche alla velocità di decodifica attenzione e richiamo delle informazioni si sostengono reciprocamente.

La corrispondenza tra i valori di B e F evidenzia il medesimo impegno della programmazione (B) rispetto alla costruzione della risposta (F).

La dissipazione di 0,023 sec. alla velocità ha un valore inferiore di 0,067 sec. rispetto a quella riscontrata al tempo sillaba (0,09 sec.) e rappresenta il 4% del valore della velocità (0,52 sill./sec) quindi il peso degli errori sulla velocità in sillabe al secondo ha un valore percentuale inferiore rispetto al tempo sillaba (5%), in quanto la dinamica della lettura favorisce la decodifica stessa.

L'andamento alla velocità di decodifica alle parole numero del 2012 è lo stesso di quello riscontrato alle parole per la medesima data, in quanto le due modalità di lettura registrano la stessa velocità (0,52 sill./sec).

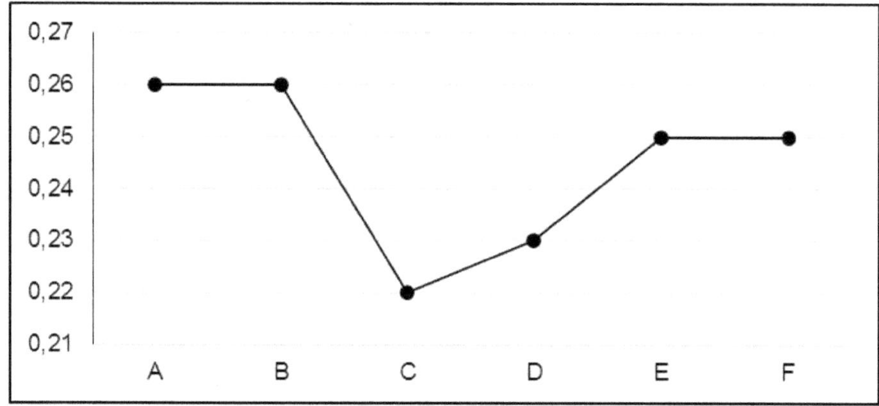

Fig. 2 – Andamento della sinergia funzionale al carico di lavoro alla velocità in sill./sec. per la decodifica delle parole alla data del 2014 (categorie: somma 1,47 sill./sec., media 0,25 sill./sec.)

L'incremento della costruzione della risposta (F) rispetto a F del 2012 è pari a +180%, tale dato correla con l'incremento alla velocità di lettura alle parole per il 2014 (+183%) avvalorando la validità della modalità di analisi adottata.

I valori inferiori rispetto alle risorse utilizzate alle categorie C (0,22 sec) e D (0,23 sec) evidenziano ancora i bassi livelli di richiamo delle informazioni e di interpretazione durante la lettura (Fig. 2).

Le risorse mentali più attive durante il compito sono attenzione (A) e programmazione (B) entrambe a 0,26 sec.

La concettualizzazione (E) ha lo stesso valore della costruzione della risposta (F) evidenziando la corrispondenza tra i due aspetti.

La dissipazione ha un valore di 0,04 sec che corrisponde al 3% della velocità (1,47 sill./sec), tanto quanto il peso percentuale degli errori sul tempo sillaba calcolato alla data del 2014 (capitolo 25).

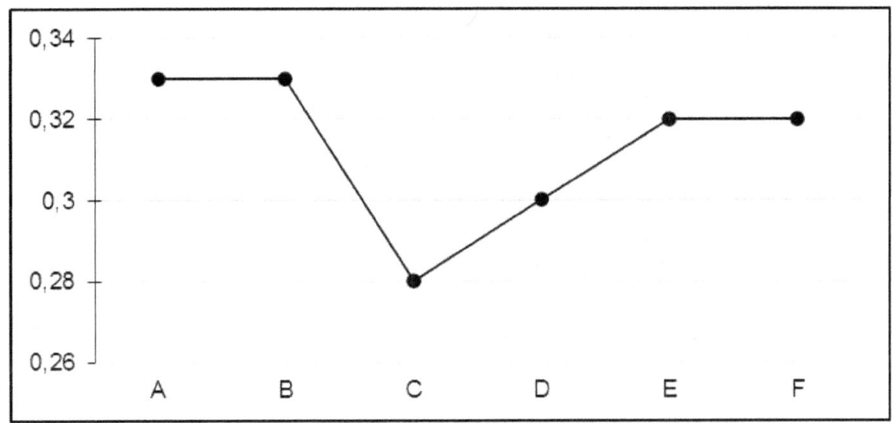

Fig. 3 – Andamento della sinergia funzionale al carico di lavoro alla velocità di decodifica in sill./sec. alle parole numero del 2014 (categorie: somma 1,88 sill./sec., media 0,31 sill./sec.)

L'incremento alla costruzione della risposta (F) rispetto alle parole numero del 2012 è del 255%, l'incremento alla velocità di lettura (da 0,52 sill./sec a 1,88 sill./sec) è del 261%. Anche tale dato correla con quello desunto dall'analisi adottata.

Tutte le singole categorie subiscono incrementi notevoli (Fig. 3): i valori maggiori sono alle categorie A (attenzione) e B (programmazione). Il -0,01 sec ad F rispetto a B sta a significare che le risorse attivate alla costruzione della risposta (F) sono il 3% inferiori a causa del Peso degli errori di decodifica sulla velocità (1,88 sill./sec).

Le risorse più basse sono riscontrabili alla categoria C (0,28 sec) e alla categoria D (0,30 sec) rispettivamente a -14% e a -7% rispetto ad F (0,32 sec). Se tali categorie mettessero in campo più risorse la velocità sarebbe più elevata.

La costruzione della risposta (F) alle parole numero del 2014, come anche alle parole del 2014, evidenzia lo stesso valore al secondo della categoria E, concettualizzazione, rispettivamente a 0,32 e a 0,25 secondi. Mentre per il 2012 il valore di E alle parole numero e alle parole risultava inferiore rispetto ad F.

Alle parole numero del 2014 la categoria F si incrementa rispetto alla medesima categoria delle parole del 2014 del 28%, tanto quanto l'incremento registrato alla velocità in sillabe al secondo (1,47 sill./sec alle parole; 1,88 sill./sec alle parole numero).

Tale dato avvalora ulteriormente la validità della diversa interpretazione della decodifica intesa come dinamica delle relazioni tra risorse mentali al secondo, calcolata sulla velocità in sill./sec.

La dissipazione alla velocità ha un valore di 0,05 sec che corrisponde al 3% della velocità raggiunta (1,88 sill./sec).

Il carico di lavoro alla velocità equivale alle sill./sec espresse per le diverse modalità di lettura e si incrementa in relazione alla velocità raggiunta.

Il valore percentuale dell'incremento alla velocità per F (costruzione della risposta +180%) alle parole del 2014 è dovuto alla constatazione che il valore di F tiene conto del fenomeno della dissipazione.

Lo stesso ragionamento è valido rispetto all'incremento della velocità per F alle parole numero del 2014.

Nel confronto tra la velocità alle parole numero per il 2014 e quella alle parole del 2014 non si riscontrano differenze percentuali in quanto il valore della dissipazione è il medesimo per entrambe le decodifiche.

I dati rilevati confermerebbero quanto espresso da Dehaene (2007, pag. 285, "i neuroni della lettura") sugli studi di imaging cerebrale rispetto alla dislessia. Dehaene evidenzia una sotto-attivazione della regione temporale-posteriore sinistra non solo negli adulti, ma anche nei bambini; tanto da poter predire la severità del disturbo secondo l'ampiezza della sotto-attivazione.

Dehaene inoltre sottolinea che è anche frequente, sempre nei dislessici, la sovra-attivazione della corteccia frontale inferiore sinistra (area di Broca) durante la lettura o in altri compiti fonologici. Come se, per compensare l'attività troppo debole delle regioni posteriori, il cervello si impegnasse in un tentativo di lettura cosciente e controllata, anche se infruttuosa.

La sotto-attivazione nel *caso* in esame riguarderebbe, alle parole e alle parole numero, le unità di misura delle risorse cognitive di A e C (II blocco) e la sovra-attivazione a D e E (III blocco), sia al tempo sillaba, che alla velocità in sill./sec per il 2012. Mentre per il 2014 si registra, sia al tempo sillaba, che alla velocità in sill./sec., un'inversione di tendenza: cioè si incrementano le unità di misura delle risorse cognitive ad A e B, mentre si riducono a D ed E. Evidenziando che la procedura della decodifica si automatizza maggiormente liberando le risorse del III blocco deputate ad altri compiti relativi alla comprensione. Ciò a dimostrazione che, per il *caso*, le unità di misura delle risorse cognitive attivate durante la decodifica non erano, alla data del 2012, immediatamente disponibili al compito richiesto.

L'inversione di tendenza per il 2014 evidenzia, invece, quanto l'efficacia dell'approccio riabilitativo adottato abbia permesso una effettiva, anche se parziale, compensazioni delle abilità di lettura.

29. Analisi dei subtest ragionamento aritmetico per il 2012 e 2014 - RA

Fig. 1 – Carico di lavoro alle categorie per il 2012 e 2014 scala verbale subtest RA

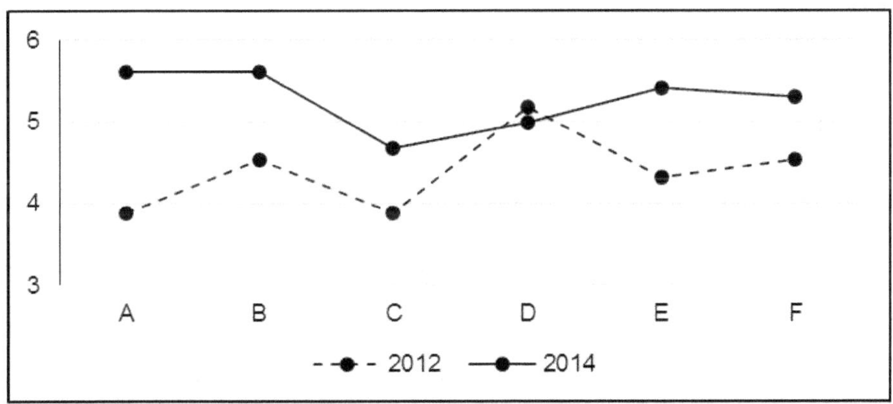

Tab. 1 – Analisi dei dati ricavati per il subtest RA

RA	2012	2014	differenza 2014-2012	differenza in %
Carico di lavoro totale in %	26,00	32,00	6,00	23
Potenza: carico di lavoro / tempo	0,53	1,32	0,79	149
Tempo esecutivo totale in sec	50,00	24,00	−26,00	−52
Spazio verbale	9,00	9,00	0,00	0
Tempo verbale	8,60	4,00	−4,57	−53
Risposte	4,00	4,00	0,00	0
Velocità produzione verbale: spazio verbale / tempo verbale	1,05	2,23	1,19	113

	anno 2012	anno 2014	differenza 2014 – 2012	differnza in % 2014 – 2012
A	0,08	0,23	O,16	201
B	0,09	0,23	0,14	158
C	0,08	0,20	0,12	151
D	0,10	0,21	0,10	101
E	0,09	0,23	0,14	161
F	0,09	0,22	0,13	144

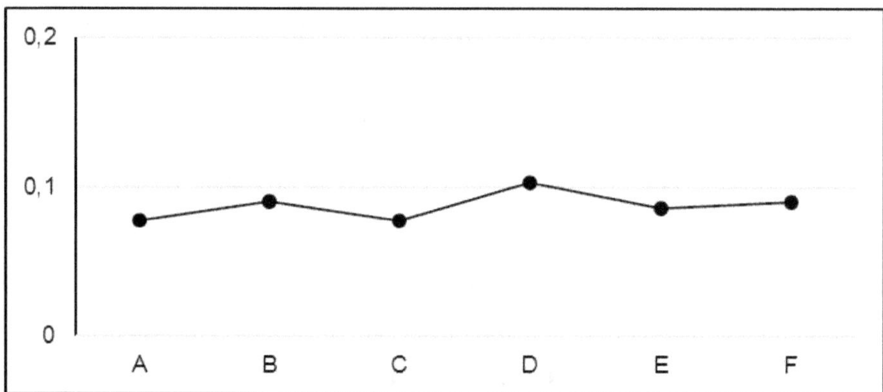

Fig. 2 – Andamento della sinergia funzionale alle categorie per il 2012 - RA

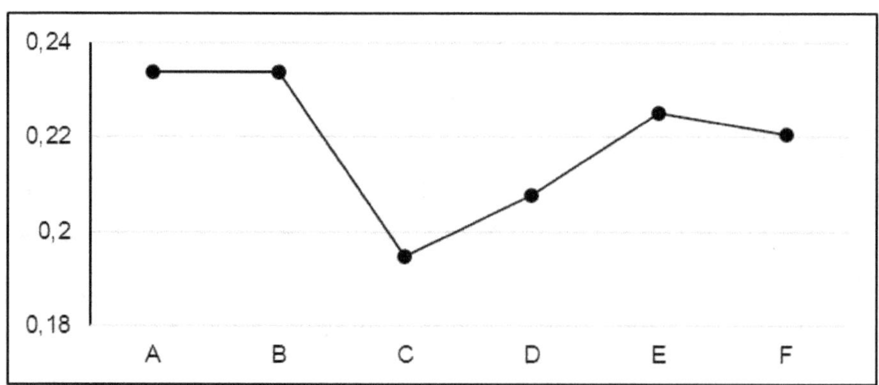

Fig. 3 – Andamento della sinergia funzionale alle categorie per il 2014 – RA

L'elemento più significativo, tra le prestazione del 2012 e del 2014, è data dalla riduzione del tempo esecutivo −50%. Il numero di risposte effettivamente dato rimane invariato (4), come anche lo spazio verbale attivato pari a nove sillabe totali.

Poiché l'attribuzione per l'integrazione interemisferica delle competenze, in base alla procedura ipotizzata (pag. 114), è dedotta dalla somma algebrica delle differenze tra i valori delle potenze mentali totali per ciascun subtest della scala verbale da quelle calcolate alle categorie verbali totali, riscontrando per il 2012 il valore pari a 0,01 alle potenze mentali, questo viene attribuito al tempo di integrazione emisferica per il calcolo mentale considerato del tutto insufficiente a svolgere le procedure del calcolo a mente.

E' quindi probabile che le procedure dei calcoli vengano effettivamente elaborate solo dall'emisfero sinistro, cioè solo linguisticamente. Ciò conferma che il discalculico tratta i numeri solo a livello verbale e non come concetti numerici propri, paralleli ai processi linguistici. Infatti tale andamento è verificabile anche per il 2014, anno nel quale per i calcoli viene utilizzata dal *caso* la calcolatrice. Dalla somma algebrica delle differenze tra i valori delle potenze mentali ai subtest verbali da quelle calcolate alle categorie verbali totali, si ottiene un valore pari a zero.

Vengono attribuiti i tempi a ciascuna categoria in base ai rispettivi carichi di lavoro secondo la seguente proporzione:

carichi di lavoro totale : tempo totale = carico lavoro per categoria : x−tempo.

In base alla letteratura A (attenzione) e C (richiamo informazioni verbali) si sostengono a vicenda, infatti risultano avere gli stessi valori temporali (7,38 sec) per cui si ipotizza che possono essere considerati simultanei. Anche F (costruzione della risposta) e B (programmazione della risposta), a loro volta, in termini temporali coincidono (8,60 sec), quindi la stessa supposizione, viene effettuata anche per tali categorie. Il totale di tali valori temporali è di 15,98 secondi che sottratto al tempo totale di 50 secondi dà un valore temporale residuo di 34,02 secondi.

Il tempo impegnato per D (interpretazione) ed E (concettualizzazione) è pari a 18,04 secondi. Tale tempo sottratto al residuo del tempo totale (34,02 sec) dà anch'esso un valore temporale di 15,98 secondi che corrisponde al tempo dissipato al subtest RA per una percentuale del 34%. Ciò fa supporre che il Caso in esame, per insicurezza emotiva nell'espletare il compito ripeta più volte le procedure di calcolo. Il tempo dissipato è quindi indice di ansia da prestazione.

Per il 2014 il tempo di RA è di 24 secondi.

Il tempo quindi si riduce del 50% e procedendo per l'attribuzione dei tempi con la medesima modalità si ha la seguente proporzione:

carichi di lavoro totale : tempo totale = carico lavoro per categoria : x−tempo
si verifica che A e C non coincidono più come valori temporali, come anche B ed F in quanto le categorie hanno valori differenti. Invece coincidono i valori temporali di A e B e procedendo come per il 2012 si ha che il tempo impegnato da A e B, pari a 4,26 secondi, sommato ai singoli valori temporali delle altre categorie (C; D; E; F) dà un valore temporale complessivo di 19,74 secondi. La differenza tra il tempo totale al subtest RA (24 secondi) e il totale del tempo associato alle categorie (A&B; C; D; E; F: 19,74 secondi) è di 4,26 secondi, tale valore potrebbe rappresentare il tempo usato per l'utilizzo della calcolatrice, infatti coincide con il tempo di B, cioè della programmazione della risposta, oltre al tempo di F.

Non si verifica dissipazione temporale perché il calcolo è affidato all'uso della calcolatrice, la quale però sottrae tempo al pensiero operatorio per circa un terzo del tempo totale.

I decrementi percentuali dei tempi alle categorie del 2014 rispetto al 2012 indicano che il rendimento delle categorie diventa più efficiente:

> ➤ A -42%; B -51%; C -52%; D -62%; E -50%; F -53%.

I dati più significativi sono rilevabili alle categorie C, D ed E per la scelta operativa del tipo di calcolo da effettuare.

È da evidenziare che il valore delle potenze mentali calcolate al subtest RA per il 2012, coincidono con i valori alle risorse mentali verbali, intese come unità di misura delle competenze cognitive verbali, alla medesima data. Ciò vuol dire che per il subtest RA sono state utilizzate tutte le risorse disponibili al secondo e che il loro valore coincide con quello delle potenze mentali calcolate al subtest RA.

I valori risultano anche essere gli stessi rilevati alla dinamica della velocità di decodifica alle parole per il 2012 (pag. 159); cioè il *caso* per leggere le parole mette in campo le medesime risorse cognitive verbali al secondo utilizzate per il subtest RA. A conferma che, per il 2012, RA procede solo a livello linguistico, e che tra RA e decodifica c'è correlazione.

Alla data del 2014, invece, i valori delle categorie in potenze mentali al secondo, a RA e alla velocità di decodifica differiscono in quanto quest'ultimi risultano più elevati. Ciò dimostra che il *caso* è in possesso di maggiori risorse mentali per la decodifica. Il riscontro è la conseguenza del potenziamento cognitivo messo in atto dall'approccio riabilitativo adottato, il quale ha permesso l'attivazione finalizzata del potenziale cognitivo in possesso del *caso*, indirizzandone le risorse per l'espletamento del compito mentale rendendole disponibili al lavoro cognitivo sia al subtest RA che alla lettura.

Riflettendo sull'uso della calcolatrice per il *caso* in esame, si evince che essa elimina l'insicurezza nell'effettuazione della procedura permettendo di raggiungere i risultati in tempi più brevi, ma è pur vero che, se tale livello di insicurezza non fosse stato presente, le due prestazioni sarebbero state equivalenti sul piano qualitativo, rispetto al numero delle soluzioni realizzate (4), ma distanti sul piano quantitativo del tempo impiegato per la comprensione e concettualizzazione delle risposte, circa la metà del tempo totale per il subtest (D + E per il 2012 = 18,04 secondi; D + E per il 2014 ≈ 11 secondi).

L'uso della calcolatrice per il *caso* in esame è sistematico e le abilità di calcolo non sono mai state allenate, ma forse se lo fossero state, anche i relativi tempi esecutivi ne avrebbero beneficiato positivamente.

Riguardo al valore della potenza mentale del 2014, rispetto a quella del 2012 +149%, è da evidenziare che il suo incremento è in gran parte relativo alla velocità esecutiva, dato che l'incremento al carico di lavoro totale al subtest è solo del 23%. L'incremento registrato alla potenza mentale conferma quanto verificato alla diversa interpretazione della velocità di decodifica alle parole: la velocità presuppone maggiore consumo di energia e di risorse cognitive: nel caso di RA 1,32 per il 2014 rispetto a 0,53 del 2012. Tali valori sono molto vicini a quelli della velocità di decodifica alle parole 1,47 sill./sec per il 2014; 0,52 sill./sec per il 2012.

Apparentemente la discalculia del *caso* potrebbe essere definita come un deficit di integrazione emisferica, ma allora l'emisfero destro non si sarebbe incrementato globalmente del 23% ai blocchi di Lurija, perché tale incremento presuppone alle performance l'uso del linguaggio interno e quindi di integrazione interemisferica.

La sua discalculia è attribuibile, piuttosto, ad una ridotta capacità a concettualizzare il numero in quanto tale e lo strumento compensativo che il *caso* utilizza è il linguaggio, che sostituisce però solo in parte il concetto numerico rendendolo verbale, cioè attribuendogli un concetto linguistico parallelo, ma non altrettanto sostanziale e rappresentativo.

IL concetto numerico è un concetto estensivo, cioè si costruisce nel tempo mediante l'acquisizione di grammatiche e sintassi differenti (astrazione verbale, emisfero sinistro), ma è anche estremamente sintetico, cioè rappresentativo di molteplici e diverse interpretazioni, che costituiscono veri e propri linguaggi numerici in base all'insieme numerico di appartenenza (astrazione numerica, emisfero destro).

L'apprendimento del calcolo della matematica presuppone, quindi, integrazione emisferica, flessibilità mentale e capacità rappresentazionali elevate, ma non può prescindere dalle conoscenze, cioè dall'insegnamento.

Il discalculico in esame presenta, ridotta sinergia funzionale per disprassia delle funzioni alla dinamica del pensiero induttivo, capacità rappresentazionali numeriche molto basse, deficit di intelligenza cristallizzata che limita la comprensione quantitativa dei quesiti verbali per RA, lo sviluppo ulteriore della funzione interpretativa, l'incremento dell'energia mentale totale.

Mentre la categoria D per il 2012 rappresenta, alla sinergia funzionale del subtest, il valore più elevato, alla data del 2014 alla sinergia funzionale la categoria D equivale al secondo valore più basso per deficit di intelligenza cristallizzata, che nel tempo è aumentato. Infatti alla dinamica della sinergia funzionale (pag. 179) per la categoria D si registra −20 PP.

Da ultimo si sottolinea come il funzionamento del pensiero per RA sia il medesimo applicato alla decodifica delle parole e cioè il tempo per RA si riduce del 50% e al tempo parola del 66%; la velocità per RA, in base al valore della potenza mentale totale, si incrementa del 149%, alle parole del 183% e alla velocità di produzione verbale a MC del 111%. Inoltre si verifica per il 2014, la correlazione tra la potenza mentale totale a RA (1,32) e quella totale a MC (1,35).

I valori, lievemente inferiori per RA, naturalmente sono attribuibili alla maggiore complessità del compito rispetto alla decodifica, ma evidenziano il medesimo andamento incrementale, collegato alla dinamica del pensiero induttivo nella sua complessità: il tempo totale pe RA si riduce della metà e la potenza mentale triplica; alla decodifica delle parole il tempo in secondi si riduce di circa della metà e la velocità è quasi tripla.

> La correlazione tra funzioni cognitive e decodifica è confermata.
> La correlazione tra velocità di decodifica in sillabe al secondo e Potenze mentali al secondo è confermata.
> La supposta unitarietà del comportamento del funzionamento cognitivo per compiti differenti è confermata.

Il limite evidenziabile è che tale modalità di funzionamento viene applicata anche agli automatismi acquisiti, che invece dovrebbero procedere secondo una sinergia funzionale omogenea, come avviene per VC del 2014, in quanto il linguaggio rappresenta un automatismo acquisito.

Tale limite alle procedure degli automatismi esprime la disprassia delle funzioni della dinamica del pensiero su base induttiva. Non è addebitale ad una ridotta flessibilità mentale, che il *caso* dimostra comunque di mettere in atto a diversi subtest della WISC-III del 2014 e agli incrementi percentuali delle singole categorie alla medesima data, ma a un deficit funzionale del pensiero induttivo rispetto a compiti complessi, che prevedono simultaneità procedurali realizzate per assemblaggio di informazioni su base induttiva.

Anche il pensiero induttivo si incrementa (+29% al II blocco verbale; +47% al II blocco alle performance) ma tale incremento, pur evidenziando che il deficit non è strutturale, ma solo funzionale non è sufficiente a produrre meccanismi più rapidi ed efficaci alla decodifica fonologica, confermando la probabile ridotta funzionalità dell'area 9 come esposto a pagina 72.

30. Ragionamento aritmetico

Giungere alla comprensione del testo matematico mediante ascolto, poiché implica attenzione verbale uditiva, processamento verbale, immagazzinamento e memoria di lavoro, concettualizzazione sintattico-semantica mediante selezione gerarchica di informazioni può risultare per il caso in esame e in generale per i dislessici con problemi neuropsicologici di base, molto complesso a causa del carico di implicazioni funzionali indispensabili alla corretta integrazione dei significati.

Le unità informative rilevanti, infatti, rischiano di non essere colte nelle loro singolarità non tanto per le correlazioni numerico-semantiche implicate quanto per le carenze relative all'attenzione uditiva, al recupero immediato delle informazioni, al deficit dell'intelligenza cristallizzata.

In tali casi quando anche dovessero risultare basse le capacità di astrazione verbale e numerica e di simbolizzazione mentale, diventa imprescindibile l'attivazione compensatoria di immagini esterne utili alla rappresentazione del contesto problematico, per distribuire, modulare, mediante configurazioni grafico-simboliche, ciò che il contenitore mentale non riesce funzionalmente ad organizzare; individuando nel canale visivo e nel ragionamento visuo-percettivo le possibilità compensative più efficaci rispetto alle carenti operazioni di astrazione e di rappresentazione mentale dei numeri e dei concetti matematici.

Un significato infatti, come già esposto, o lo si astrae verbalmente o lo si immagina mediante rappresentazioni interne autonome, o lo si rappresenta simbolicamente; le formule matematiche e geometriche non sono altro che l'espressione di tali sintesi concettuali.

Il problema matematico rappresenta il livello più sofisticato ed elevato di comprensione linguistica, in quanto implica funzioni altamente integrative, operazioni di astrazione, applicazione di conoscenze.

L'essenzialità del testo, la costruzione sintattica a volte complessa, i molteplici significati sottesi, le indispensabili operazioni di calcolo, lo rendono uno strumento multifunzionale peculiare per il potenziamento delle funzioni cognitive, delle categorie concettuali, nonché di crescita dell'autostima personale.

La sinergia della preselezione degli stimoli uditivi, nel caso di item su ascolto, della selezione delle informazioni gerarchico-sequenziali, della progressiva costruzione dei significati, delle operazioni mentali di ordine superiore implicate, della programmazione temporale e regolazione comportamentale, attiva tutte le regioni cerebrali per realizzare la produzione della risposta finale.

Il ragionamento aritmetico è quindi uno strumento in grado di ricondurre in unità le dinamiche delle diverse sintassi del pensiero.

Sintetizzando quanto esposto teoricamente su base concettuale, lungo il percorso di tale studio rispetto al ragionamento aritmetico e al calcolo (cap. 12), si può concludere dalla verifica empirica dei valori espressi alle potenze mentali, che se è vero che il lessico produce sintassi e la sintassi, semantica; allora è pur vero che:

lessico verbale : sintassi verbale = semantica verbale : pensiero verbale

Cioè in base al valore delle potenze mentali per VC si registrano i seguenti rapporti:

$$F \, / \, E = D \, / \, PensieroVerbale\_medio$$

dove:
- F è la costruzione della risposta al subtest VC,
- E è la concettualizzazione al subtest VC,
- D è l'interpretazione al subtest VC,
- PensieroVerbale_medio è il valore medio calcolato tra le potenze del subtest VC.
  La stima del range di validità per il 2012 è ≈20%, per il 2014 è del 3%.
  È anche vero che

lessico motorio : sintassi motoria = semantica motoria : pensiero motorio.

Alla WISC-III viene analizzato DC che necessita di coordinazione bimanuale e di coordinazione occhio-mano e si rileva che:

$$F \, / \, E = D \, / \, PensieroMotorio\_medio$$

dove:
- F è la costruzione della risposta al subtest DC,
- E è la concettualizzazione al subtest DC,
- D è l'interpretazione al subtest DC,
- PensieroMotorio_medio è calcolato al subtest DC.

Per il 2012 il range di validità è del 45%, per il 2014 è del 27%.
Parallelemente:

lessico numerico : sintassi numerica = semantica numerica : pensiero numerico.

Ovvero

$$F / E = D / PensieroNumerico\_medio$$

dove:
- F è la costruzione della risposta al subtest RA;
- E è la concettualizzazione al subtest RA;
- D è l'interpretazione al subtest RA;
- PensieroNumerico_medio è il valore medio calcolato al subtest RA.
  La stima del range di validità per il 2012 è del 10%, per il 2014 è del 3%.
  Spazio e tempo, costituendo gli a-priori della conoscenza, non possono che definirne la sua dimensione dinamica.

$$E(VC) / E(RA) =$$
$$PensieroVerbale\_medio(VC) / PensieroNumerico\_medio(RA)$$

dove:
- E(VC) è la concettualizzazione al subtest VC;
- E(RA) è la concettualizzazione al subtest RA;
- PensieroVerbale_medio è il valore medio calcolato al subtest VC;
- PensieroNumerico_medio è il valore medio calcolato al subtest RA;
  La stima del range di validità per il 2012 è dell'1%, per il 2014 è del 2%.
  E ancora è vero che:

$$E(DC) / E(RA) =$$
$$PensieroMotorio\_medio(DC) / PensieroNumerico\_medio(RA)$$

dove:
E(DC) è la concettualizzazione al subtest DC;
E(RA) è la concettualizzazione al subtest RA;
PensiroMotorio_medio è il valore medio calcolato al subtest DC;
PensieroNumerico_medio è il valore medio calcolato al subtest RA;
  La stima del range di validità per il 2012 è del 22%, per il 2014 è del 6%.

Dato che le dinamiche del pensiero motorio e del pensiero verbale hanno indubbie origini emotivo-affettive, e che anche la dinamica del pensiero nunmerico ha implicite condizioni relazionali per il suo apprendimento dalle quali non può prescindere, è supponibile ipotizzare che:

linguaggio/motricità : emotività/affettività = apprendimenti matematici : relazionalità/autostima

E poiché ogni nuovo apprendimento genera nuove sinapsi si può affermare da ultimo che:

(diverse sintassi pensiero/dinamiche delle conoscenze) : (funzioni corticali/ connettività cerebrale) = (emotività/affettività) : (relazionalità/insegnamento).

Conclusioni

1. Il *caso* in base al modello interpretativo ipotizzato

Un test cognitivo, nel caso specifico la WISC-III per l'età evolutiva, solitamente quantifica, mediante punteggio, le prestazioni di un soggetto posto di fronte a quesiti verbali e a problemi visuo-percettivi-spaziali. Ciò avviene in relazione ad uno stato fisico oggettivo determinato dalla qualità del pensiero che caratterizza il soggetto in esame e dalle sue capacità di adattamento sociale a richieste esterne.

L'interpretazione dedotta dal modello proposto permette di approfondire le modalità con le quali la mente produce processi mentali differenti, cioè quelle qualità del pensiero che esprimono l'efficacia o meno delle funzioni di base, dei processi simbolici superiori e della loro sinergia funzionale, rivelandone punti di forza e di debolezza.

Ipotizza procedimenti logico-funzionali di indagine, nella certezza di evidenziare solo ipotesi di ricerca e congetture teoriche per individuare le dinamiche intellettive di fronte a compiti cognitivi specifici, da parte del *caso* in esame.

Il modello ipotizzato va quindi interpretato come il tentativo di compiere un progresso conoscitivo e metodologico in merito al funzionamento cognitivo di fronte a compiti intellettivi, quali quelli proposti dalla WISC-III, nella consapevolezza personale che la certezza scientifica non è mai del tutto oggettivamente raggiungibile.

Il modello presenta caratteristiche peculiari tali da permettere analisi approfondite di molteplici aspetti del funzionamento cognitivo.

I percorsi di approfondimento selezionati in funzione delle ipotesi effettuate in merito al *caso*, rappresentano solo alcuni aspetti fra le diverse indagini possibili.

Essi risultano essere funzionali agli scopi dello studio intrapreso, ma ancora insufficienti per delineare l'assetto cognitivo complessivo del *caso* in base alla metodologia ipotizzata. Da quanto verificato si deduce che tutti i carichi di lavoro si incrementano, ad esclusione dei subtest IN e CO alla scala verbale e del subtest

CF alla scala di performance, che rimangono invariati. S'incrementa l'energia mentale (carico di lavoro totale) per il 2014: alla scala verbale un totale di +21%; alla scala di performance un totale di +31,70% (pag. 120; pag. 121). Il carico di lavoro verbale (energia mentale verbale) s'incrementa quanto il valore percentuale registrato ai blocchi di Lurija per l'emisfero sinistro (+21%, pag. 149) relativo alle potenze mentali.

L'incremento percentuale totale delle potenze mentali totali alle categorie verbali è pari a +20% e quello alle performance è pari a +22% (Tab. 1, pag 178).

Tab. 1 – Potenza mentale totale per categoria verbale

	anno 2012	anno 2014	incremento percentuale %
A	0,55	0,80	45
B	0,64	0,80	24
C	0,55	0,67	21
D	0,73	0,71	-3
E	0,61	0,77	26
F	0,64	0,75	17

Tab. 2 – Potenza mentale per categoria performance

	anno 2012	anno 2014	incremento percentuale %
A	0,15	0,32	115
B	0,18	0,27	46
C	0,22	0,22	0
D	0,33	0,35	5
E	0,31	0,33	6
F	0,29	0,32	13

Tutte le categorie della scala verbale subiscono incrementi ad eccezione della categoria D, che registra -3%, in quanto la medesima categoria si riduce già ai carichi di lavoro dei singoli subtest, mentre i tempi esecutivi incrementano.

La categoria D verbale riduce la sua capacità interpretativa perché le conoscenze non si incrementano per deficit di intelligenza cristallizzata.

L'andamento delle categorie alla dinamica della sinergia funzionale sulla costruzione della risposta alla data del 2014 rispetto al 2012 evidenzia quanto espresso dalle seguenti tabelle

2. Tabella dinamica della sinergia funzionale per totali categorie sulla costruzione della risposta in punti percentuali

Tab. 1 – Deficit verbali in valori percentuali - subtest: VC, MC, RA

Categoria	[(Categoria / F) x subtest] x 100		
	anno 2012	anno 2014	Incremento percentuale
A	85,71	105,88	20,17
B	100,00	105,88	5,88
C	85,71	88,24	2,52
D	114,29	94,12	-20,17
E	95,24	101,96	6,72
		totale	15,13

Tab. 2 – Deficit visivi in valori percentuali - subtest: CF, DC

Categoria	[(Categoria / F) x subtest] x 100		
	anno 2012	anno 2014	Incremento percentuale
A	51,85	98,59	46,67
B	64,81	83,80	18,99
C	77,78	69,01	−8,76
D	116,67	108,45	−8,22
E	110,19	103,52	−6,66
		totale	42,08

I dati riferiti ai subtest verbali risultano per VC, MC e RA sono tra loro identici, come anche risultano identici per quelli della scala di performance: CF e DC.

Le categorie alla scala verbale s'incrementano dei seguenti punti percentuali: A +20; B +6; C +3; E +7.

Il limite acquisito alla categoria D −20 punti percentuali è riferibile alla mancanza di risorse disponibili al lavoro mentale per deficit di conoscenze, in quanto le unità di misura calcolate per D alla data del 2014 si incrementano, mentre D alle categorie diminuisce perché le conoscenze non aumentano.

Alla scala di performance si potenziano tutte le categorie del II blocco di Lurija oltre alle categorie del III blocco che, pur presentando valori apparentemente negativi (D −8 punti percentuali e E −7 punti percentuali) evidenziano di quanto i processi superiori avvengano con meno dispendio di risorse, producendo migliori risultati.

Gli effetti positivi dell'approccio cognitivo-rappresentazionale adottato sono riferibili al potenziamento di tutte le risorse necessarie alle categorie per espletare i compiti richiesti e al guadagno ottenuto alle categorie visive nei valori espressi.

Permangono, per il *caso* in esame oltre ai deficit relativi ai disturbi dell'apprendimento, anche quelli già evidenziati nella prima parte del libro alla disfunzionalità dell'area nove per disprassia funzionale del pensiero su base induttiva.

L'approccio riabilitativo adottato: cognitivo-rappresentazionale basato sul concetto di numero per la specifica duttilità che presenta può costituire un vettore dello sviluppo mentale ad ampio raggio. Per il *caso* in esame si sono verificate riduzioni alla complessa dinamica dei DSA presentati.

Gli aspetti relativi alle conoscenze esulano da tale studio, ma qualsiasi progresso intellettivo non può prescindere dal possesso di competenze in quanto le diverse sintassi del pensiero stanno alle dinamiche delle conoscenze come le funzioni corticali stanno alla connettività neuronale.

Essendo i subtest alla scala di performance tutti appartenenti al fattore OP, ritenuto da Kaufman come quello effettivamente rappresentativo delle potenzialità cognitive in soggetti con DSA, l'elevato incremento dell'energia mentale a tale fattore, è indice qualitativo delle possibilità cognitive del *caso* in esame. È da ritenere che i margini evolutivi siano stati attivati dal tipo di trattamento effettuato.

Se il compito della riabilitazione è quello di promuovere e favorire la riorganizzazione cognitiva delle funzioni, tale compito è stato raggiunto come confermato dal +21% al verbale, per un +13% di tempo di elaborazione cognitiva. Al visivo con un +23%, su un tempo mentale ridotto del 10% rispetto al 2012. L'incremento totale ai blocchi di Lurija è pari a +19% (pag. 149).

3. Conclusioni generali

Riguardo ai DSA è da evidenziare, inoltre, che se la dislessia funge da blocco evolutivo, il pensiero allenato e competente può permettere di compensare, per anticipazione, i processi di comprensione semantica dei contenuti mentali durante la lettura, rendendola più scorrevole ed efficiente.

Se la discalculia ostacola la concettualizzazione numerica, l'organizzazione del pensiero può permettere l'acceso ai problemi matematici mediante comprensione delle situazioni problematiche, le quali implicitamente, favoriranno le scelte operative opportune. Il potenziamento delle abilità di calcolo potrebbe contribuire alla promozione della flessibilità mentale.

Essendo la WISC-III un test cognitivo che valuta anche aspetti relativi agli apprendimenti acquisiti, non si può concludere senza una riflessione in merito a tali aspetti.

Etimologicamente il termine insegnare (In = dentro; Signum = marchio, sigillo) indica che l'attività dell'insegnante consiste nel segnare la mente del discente, lasciando impresso un metodo di approccio alla realtà, che va ben oltre lo studio. (etimoitaliano.it)

In sintonia con tale definizione, in base all'analisi effettuata, si può evincere quanto, l'attività dell'insegnamento vada in effetti ben oltre lo studio e a un metodo di approccio alla realtà; è in grado infatti di segnare la mente del discente potenziandone le qualità cognitive, ma anche riducendone lo sviluppo possibile, quando essa risulti solo parzialmente efficace.

Insegnare a un DSA complesso rappresenta un compito indubbiamente difficile e implica una preparazione interdisciplinare ampia: in grado di tenere conto dei contenuti dell'apprendimento, declinandoli in metodologie didattiche mirate; non può prescindere dalla conoscenza delle dinamiche emotive implicite ad una situazione di svantaggio nel contesto classe; non può eludere gli effetti delle peculiari modalità apprenditive del singolo discente al fine di potenziarne i punti di forza e ridurne i punti di debolezza.

La moderna neuropedagogia dovrebbe produrre, in merito a quanto espresso, conoscenze specifiche di cui gli insegnanti potrebbero fruire, tenendo conto dell'unitarietà della persona, della complessità dinamica e relazionale che la caratterizza.

La riabilitazione ha lo scopo di facilitare e promuovere, per quanto possibile, la riorganizzazione della struttura mentale del DSA, in funzione del suo sviluppo globale.

L'insegnamento per i DSA, invece, ha lo scopo di strutturare nel tempo le conoscenze in sistemi di apprendimento efficaci e dinamici in grado di contribuire alla costruzione dell'assetto portante delle conoscenze categoriali e strumentali. Quest'ultime, per reciprocità, andranno a potenziare il substrato cognitivo e funzionale della mente implementandola.

Tutto ciò può essere possibile se il sistema sanitario e quello scolastico saranno effettivamente tesi all'investimento delle risorse su ogni singola persona, deputata a contribuire al progresso umano e sociale.

Lo studio effettuato ha messo in evidenza la validità dell'approccio riabilitativo proposto, ma ha anche evidenziato quanto e cosa si sarebbe potuto fare per ottenere risultati più efficaci all'interno della stessa ottica riabilitativa.

La personale convinzione è che, in un mondo che tende sempre più alla velocità, è necessario tornare a dare dignità al tempo utile alla riflessione, al pensiero, alla ricerca. Nonché al tempo della riabilitazione, dell'insegnamento, dello studio appropriato ai DSA, per il loro sviluppo efficace ed integrale.

1. Descrizione della WISC-III e dei subtest che la compongono

La WISC-III è una scala di intelligenza per l'età evolutiva, va dai 6 ai 16 anni di età. È composta da 13 subtest: 6 collocati nella scala verbale, 7 nella scala di performance.

I subtest della scala verbale sono:
1. informazione (IN);
2. somiglianza (SO);
3. ragionamento aritmetico (RA);
4. vocabolario (VC);
5. comprensione (CO);
6. memoria di cifre (CF).

I subtets della scale di performance sono:
1. completamento figure (CF);
2. cifrario (CR);
3. riordinamento storie figurate (SF);
4. disegno con cubi (DC);
5. ricostruzione di oggetti (RO);
6. ricerca di simboli (RS);
7. labirinti (LA).

2. Caratteristiche della scala verbale

Il subtest *informazione* (IN) è costituito da 30 domande da porre oralmente al soggetto su conoscenze di fatti, oggetti, persone e luoghi che si possono acquisire nella cultura corrente. L'obiettivo del subtest è quello di misurare la capacità di recepire informazioni dal proprio ambiente, di trattenerle per un lungo periodo e di richiamarle istantaneamente.

Il subtest *somiglianza* (SO) consiste in 19 domande che richiedono al soggetto di spiegare in cosa sono simili due cose o due concetti. Misura la capacità di individuare relazioni significative fra concetti utilizzando appropriatamente competenze di tipo logico.

Il subtest *ragionamento aritmetico* (RA) consiste in 24 problemi di tipo aritmetico, alcuni presentati oralmente e altri per iscritto. Il soggetto deve risolverli in un tempo definito. L'obiettivo del subtest è di valutare la capacità di usare i numeri e i concetti numerici fondamentali e di svolgere ragionamento su base numerica.

Il subtest *vocabolario* (VC) è composto da 30 parole che vengono presentate oralmente al soggetto chiedendogli di spiegare il significato. La prova ha l'obiettivo di misurare il grado di padronanza e accuratezza delle funzioni espressive del linguaggio.

Il subtest *comprensione* (CO) è composto da 18 domande che richiedono al soggetto di descrivere come comportarsi in determinate circostanze o di indicare il motivo di certe prassi sociali. Misura la capacità di giudizio sociale e di applicare conoscenze apprese secondo criteri di appropriatezza formale e di effettivo buon senso.

Il subtest *memoria di cifre* (MC) è composto da alcune serie di cifre che il soggetto deve ripetere sia nello stesso ordine in cui sono pronunciate dall'esaminatore (memoria in avanti) sia in ordine inverso (memoria all'indietro). L'obiettivo è quello di valutare la capacità di richiamo immediato di informazioni presentate sotto forma uditiva.

Il subtest *completamento di figure* (CF) è composto da 30 figure colorate, a ciascuna delle quali manca un dettaglio importante che il soggetto deve individuare entro un tempo definito. Valuta le capacità visuo-percettive e di analisi visiva di figure familiari a all'identificazione degli elementi nascosti.

Il subtest *cifrario* (CF) consiste nell'associare a un determinato numero uno specifico simbolo grafico copiandolo in un apposito spazio. L'obiettivo è di valutare la capacità di adattarsi a nuove situazioni di apprendimento e di apprendere rapidamente con materiale insolito.

Il subtest di *riordinamento di storie figurate* (SF) consiste in 14 serie di figure ognuna delle quali racconta una breve storia. Le figure di ciascuna serie vengono presentate in disordine e il soggetto deve disporle nella giusta sequenza in modo che risulti una storia di senso compiuto. Misura la capacità di ordinare i dati visivi e di riorganizzarli e pianificarli in base ai loro significati singoli che a quelli complessi della storia.

Il subtest *ricostruzione di oggetti* (RO) vengono presentati al soggetto i pezzi che compongo che compongono alcune figure con la richiesta di ricostruire le figure originarie. Valuta la capacità di analizzare e sintetizzare flessibilmente gli indizi percettivo visivo per giungere ad anticipare mentalmente l'insieme complessivo per ricostruirlo concretamente.

Il subtest *ricerca di simboli* (RS) consiste nell'osservare simboli astratti e indicare in un apposito spazio se fra essi esistono o non esistono simboli comuni.

L'obiettivo del subtest è di misurare la velocità di analisi ed elaborazione visuo-percettiva.

Il subtest *labirinti* (LA) consiste in una serie di 10 labirinti per ciascuno dei quali il soggetto deve individuare il percorso di uscita partendo dal centro. Valuta l'abilità di esplorazione visiva di un percorso e di richiamare passaggi utili per raggiungere la meta.

Per procedere all'analisi dei risultati della WISC-III i *punteggi grezzi* ottenuti nei subtest devono essere trasformati in *punti ponderati* (PP) mediante apposite tabelle.

I punti ponderati (PP) danno luogo al QI verbale, al QI di performance, al QI totale in base a calcoli stabiliti dalla procedura. La media dei PP è pari a 10; il punteggio medio basso è 7, il punteggio medio alto è 13.

Le categorie di Bannatyne (1974) e Kaufman (1969) per raggruppare i vari subtest alla WISC-R rappresentano le medie dedotte dai PP considerati utili alle singole categorie.

3. Descrizione degli elementi di valutazione utilizzati:

BVN

Batteria di valutazione neuropsicologica per l'età evolutiva 5-11 e 11-18 anni. Valuta le principali funzioni cognitive: linguaggio, memoria, attenzione. Funzioni esecutive superiori.

Comprende i seguenti testi.

Discriminazione uditiva: estrazione delle caratteristiche fonetiche dello stimolo, passaggio obbligato per l'analisi fonologica.

Ripetizione di non parole: abilità di manipolazione fonologica dell'informazione; rappresenta una tappa nello sviluppo delle competenze di consapevolezza dell'assemblaggio dei suoni e dell'apprendimento della lingua scritta.

Analisi fonemica e fusione fonemica: abilità di consapevolezza fonemica per l'acquisizione delle strategie non lessicali nella lettura.

Denominazione su presentazione visiva: abilità del riconoscimento del nome dello stimolo visivo.

Comprensione sintattica: abilità di comprendere una fase complessa scegliendo tra un certo numero di alternative visive.

Percezione visiva: abilità di elaborare sia le componenti fisiche del messaggio visivo che la ricerca attiva e intenzionale delle informazioni visive come elementi di conoscenza.

Attenzione selettiva visiva e uditiva: abilità specifiche per indagare e selezionare stimoli visivi e uditivi rilevanti rispetto ad altri irrilevanti per il compito richiesto.

Memoria di cifre in avanti e indietro: abilità di articolazione di informazioni uditive prima che esse decadano dalla memoria verbale (magazzeno fonologico). Valuta l'efficienza della memoria di lavoro.

Apprendimento di coppie di parole: la prova permette di valutare la memoria associativa, cioè di stabilire connessioni fra due parole prive di particolari legami.

Fluenza fonemica e fluenza categoriale: le prove valutano la velocità di accesso al lessico. La prima, *fluenza fonemica*, richiede l'abilità di produrre; QI media 100 ds 15, entro un limite di tempo (60 sec.), il maggior numero di parole che iniziano con un determinato fonema. La seconda, *fluenza categoriale*, richiede la ricerca rapida di parole semanticamente associate tra loro in base all'appartenenza a categorie lessicali specifiche.

Memorie di posizioni in avanti e indietro (test Corsi): abilità di mantenere in mente la successione degli spostamenti su dei cubetti eseguendo il compito nello stesso ordine, o nell'ordine inverso.

CMF

Valutazione delle *competenze metafonologiche*. Comprende:

✓ ripetizione di non parole;

✓ analisi e sintesi fonemica;

✓ fluenza fonemica e categoriale;

✓ spoonerismo.

Spoonerismo: la prova richiede la manipolazione dei fonemi iniziali di due parole che debbono essere sostituiti l'uno con l'altro per dare origine a parole differenti da quelle proposte dall'esaminatore e analizzate in partenza dal soggetto.

CPM

Coloured Progressive Matrices, anni 3÷11: misurano l'intelligenza non verbale o fluida e richiedono di analizzare, costruire e integrare fra loro concetti visuo-percettivi, indipendentemente dal livello culturale e di scolarità.

SPM

Standard Progressive Matrices: misurano le abilità mentali di adolescenti e adulti e richiedono di analizzare, costruire, integrare, dedurre fra loro concetti visuo-percettivi qualunque sia il grado di scolarità. Prevede per l'analisi dei dati un campione non clinico, cioè di soggetti con prestazioni nella norma e un campione clinico, cioè soggetti che presentano disturbi diversi.

AC-MT

Test di calcolo per le prestazioni della scuola primaria e della scuola secondaria di I grado relative alle operazioni scritte; alla conoscenza numerica; all'accuratezza del calcolo mentale; alla velocità di elaborazione numerica.

Aspetti metodologici e matematici relativi alla Parte II
di Marco Traini[12]

I. INTRODUZIONE

Queste brevi note riassumono alcuni aspetti metodologici e matematici che illustrino ed avvalorano l'approccio proposto nella Parte II del testo. Sono note schematiche e prendono come esempio l'analisi dei risultati 2012 della WISC III relativi principalmente alla parte verbale. La parte di performance ed i risultati del 2014 seguono la stessa logica e la stessa metodologia.

A. Punti Ponderati

I risultati (2012) del test WISC III sono caratterizzati da una "tavola" da cui si evincono i punti ponderati per 6 + 7 test (6-Verbale, 7-Performance). Il massimo punteggio per ogni test $P_{max} = 19$.

Di seguito verrà discussa solo la parte verbale come un esempio, ma tutto può essere ripetuto per la parte di performance, l'unica differenza di struttura sarà nel numero di test: 7 al luogo di 6. L'intento è metodologico, appunto: ricavare i valori delle singole tavole in maniera matematicamente sostenibile ed evincere, in questo modo, eventuali ipotesi sottostanti il ragionamento.

B. Subtest: Vettori e Pesi

La "tavola" dei punti ponderati verrà chiamata *SubV* perché indica i risultati dei subtest per la parte verbale. In cifre e simboli (la freccia sopra il nome fa parte del simbolo e verrà spiegata sotto)

$$\overrightarrow{SubV} = \begin{pmatrix} IN \\ SO \\ RA \\ VC \\ CO \\ MC \end{pmatrix} = \begin{pmatrix} 6 \\ 7 \\ 5 \\ 8 \\ 10 \\ 6 \end{pmatrix} \qquad (1)$$

[1] Institut de Physique Thèorique CEA-Saclay, F-91191 Gif-sur-Yvette, France
[2] INFN - TIFPA, Dipartimento di Fisica, Università degli Studi di Trento

Indicheremo per brevità, anche per rispetto della simbologia matematica, con $\sum SubV$ la somma di tutti gli elementi di $SubV$, ovvero:

$$\sum SubV = IN + SO + RA + VC + CO + MC, \tag{2}$$

nel caso in esame:

$$\sum SubV = 42. \tag{3}$$

La "tavola" (1) può anche essere chiamata (matematicamente) un "vettore" fatto di tanti elementi (nel nostro caso 6) tutti caratterizzati da numeri. I simboli (*IN, SO, etc.*) vogliono indicare in modo astratto questi numeri e fanno riferimento ai vari subtest della WISC III ed ai loro risultati del 2012.

La natura di "vettore" della "tavola" è evidenziata dalla presenza della freccia sopra il nome. Quando si vedrà una freccia sopra il nome ci si renderà subito conto che quel simbolo non rappresenta un numero, ma un insieme di numeri, una "tavola" di numeri con precise proprietà che emergeranno man mano.

La "tavola" può essere utilizzata per generare altre "tavole" (ovvero altri vettori) in maniera semplice e intuitiva; ad esempio:

i) un vettore di risultati "relativi" normalizzati al massimo punteggio

$$\overrightarrow{SubV}rel = \frac{\overrightarrow{SubV}}{P_{max}} = \begin{pmatrix} IN/P_{max} \\ SO/P_{max} \\ RA/P_{max} \\ VC/P_{max} \\ CO/P_{max} \\ MC/P_{max} \end{pmatrix} = \begin{pmatrix} 0.3158 \\ 0.3684 \\ 0.2632 \\ 0.4211 \\ 0.5263 \\ 0.3158 \end{pmatrix}. \tag{4}$$

Il vettore (4) svincola i risultati numeri dalla scala con massimo punteggio $P_{max} = 19$ e se si preferisce una scala diversa basta moltiplicare ogni elemento di $\overrightarrow{SubVrel}$ per il nuovo valore massimo.

ii) La scala percentuale ha la stessa proprietà, basta moltiplicare per 100 il vettore (4) ottenendo

$$\overrightarrow{SubV}rel\% = \begin{pmatrix} 31.58 \\ 36.84 \\ 26.32 \\ 42.11 \\ 52.63 \\ 31.58 \end{pmatrix} \approx \begin{pmatrix} 32 \\ 37 \\ 26 \\ 42 \\ 53 \\ 32 \end{pmatrix} \tag{5}$$

iii) La proprietà di indipendenza dalla scala assoluta dei vettori (4) e (5), rende questi ultimi particolarmente adatti per definizioni generali legate al modo di poterli interpretare.

Ad esempio (seguendo il testo) i vettori (4) e (5) possono essere usati per definire il Carico di Lavoro per ogni elemento del vettore (e quindi dei subtest) o per tutto l'insieme delle operazioni relative ai subtest. Così:

1. Carico di Lavoro per la scala verbale o Carico di Lavoro ai subtest della scala verbale $= \overrightarrow{CdLSubV}$

(*Per dichiarare esplicitamente che ci riferiamo ai subtest della WISC III*)

$$\overrightarrow{CdLSubV} = \begin{pmatrix} 31.58 \\ 36.84 \\ 26.32 \\ 42.11 \\ 52.63 \\ 31.58 \end{pmatrix} = \begin{pmatrix} CdL_{IN} \\ CdL_{SO} \\ CdL_{RA} \\ CdL_{VC} \\ CdL_{CO} \\ CdL_{MC} \end{pmatrix} \qquad (6)$$

con la definizione di Carico di Lavoro totale per la scala verbale

$$CdLSubV_{tot} = CdLSubV =$$
$$= 31.58 + 36.84 + 26.32 +$$
$$+ 42.11 + 52.63 + 31.58 =$$
$$= 221.05. \qquad (7)$$

Questo primo approccio giustifica i grafici di cui alle figure *CdLSub* e le tavole *CdLSub_scarto* di pagina 120 e pagina 121. E, finalmente, l'aspetto formale forse più interessante della definizione dei vettori (4) e (5), indipendenti dalla scala assoluta dei singoli subtest, risiede nella possibilità di definire dei **pesi** per ciascun subtest normalizzando i medesimi vettori (4), (5) in modo tale che la somma di tutti gli elementi di questo vettore peso sia uno. Dunque

$$\overrightarrow{pesiSubV} = \frac{\overrightarrow{SubVrel}}{\sum SubVrel} = \frac{\overrightarrow{SubVrel\%}}{\sum SubVrel\%} =$$

$$= \begin{pmatrix} 0.1429 \\ 0.1667 \\ 0.1190 \\ 0.1905 \\ 0.2381 \\ 0.1429 \end{pmatrix} = \begin{pmatrix} pesi_{IN} \\ pesi_{SO} \\ pesi_{RA} \\ pesi_{VC} \\ pesi_{CO} \\ pesi_{MC} \end{pmatrix} \qquad (8)$$

con la proprietà:

$$pesiSubV_{tot} = \sum (pesiSubV) = 1 \qquad (9)$$

C. Come si usano i Pesi

L'importanza pratica del vettore (8) risulta più evidente se lo si vede all'opera nel costruire alcuni vettori importanti a partire da proprietà globali.

Ad esempio: vogliamo sapere come si distribuisce il Carico di Lavoro tra i singoli Subtest della Scala Verbale sapendo che il Carico di Lavoro totale della stessa scala vale:

$CdLSubV_{tot} = 221.05$ (confronta l'equazione (7)).

Il metodo è semplicissimo: basta moltiplicare il vettore $\overrightarrow{pesiSubV}$ dell'equazione (8) per il valore del Carico di Lavoro totale e vederlo suddividersi nei vari subest. In pratica [3]

$$\overrightarrow{CdLSubV} = \overrightarrow{pesiSubV} \cdot CdLSubV_{tot} =$$

$$= \begin{pmatrix} 0.1429 \\ 0.1667 \\ 0.1190 \\ 0.1905 \\ 0.2381 \\ 0.1429 \end{pmatrix} \cdot 221.05 = \begin{pmatrix} 31.58 \\ 36.84 \\ 26.32 \\ 42.11 \\ 52.63 \\ 31.58 \end{pmatrix} \qquad (10)$$

Riottenendo così il risultato che si era già visto nell'equazione (6).

II. Le Categorie

L'introduzione delle categorie (verranno discusse solo quelle relative alla scala verbale) rappresenta un'articolazione dei punti ponderati rispettosa di una interpretazione diversamente formulata. In luogo dei punti di riferimento dei subtest (*IN, SO, RA,...*) si individuano altri punti di riferimento chiamati *categorie* e qui genericamente individuate dal vettore

$$\overrightarrow{CatV} = \begin{pmatrix} A \\ B \\ C \\ D \\ E \\ F \end{pmatrix} \qquad (11)$$

---

[3] La moltiplicazione di un vettore per un numero si realizza moltiplicando ogni singolo elemento del vettore per il numero.

Come suggerito nel testo. Il passaggio dal vettore $\overrightarrow{SubV}$ ai subtest di equazione (1) al vettore $\overrightarrow{CatV}$ alle categorie è determinato dalla trasformazione rappresentabile graficamente attraverso la connessione di elementi dei due vettori $\overrightarrow{SubV}$ e $\overrightarrow{CatV}$:

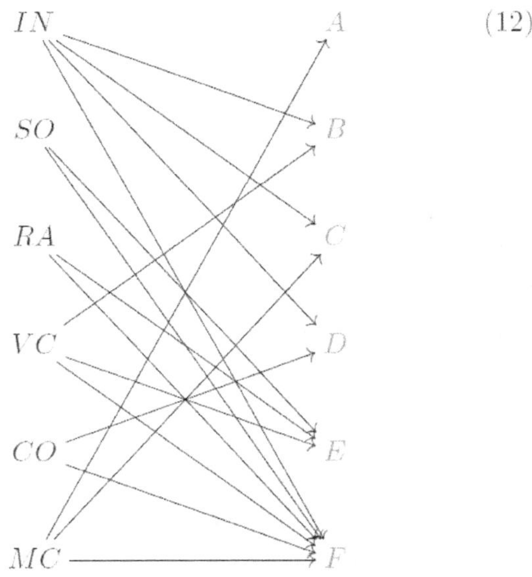

$$(12)$$

(Confronta le tavole CdLCatV, CdLCatP, di pagine 115 e 116).

A. Dai Subtest alle Categorie: trasformazione e sue proprietà

Le connessioni così stabilite necessitano di essere precisate nella quantità dei vari contributi. Da un punto di vista matematico questa quantificazione è possibile solo attraverso il modello interpretativo che se ne fa ed è espressa dalla relazione seguente:

$$\overrightarrow{CatV}=\begin{pmatrix} A \\ B \\ C \\ D \\ E \\ F \end{pmatrix}=\begin{pmatrix} MC \\ (IN+VC)/2 \\ (IN+MC)/2 \\ (IN+CO)/2 \\ (SO+RA+VC)/3 \\ (\sum SubV)/6 \end{pmatrix}=\begin{pmatrix} 6 \\ 7 \\ 6 \\ 8 \\ 20/3 \\ 7 \end{pmatrix} \quad (13)$$

Oltre alla rappresentazione grafica (12) e vettoriale (13) si può dare alla relazione una rigorosa interpretazione facendo uso delle trasformazioni lineari tra vettori in forma matriciale (per il carattere leggermente più avanzato di questa interpretazione si fa riferimento alla *nota appendice B*).

Alcune considerazioni importanti sulla trasformazione (13).

i) Evidentemente la somma dei punti ponderati ai subtest della WISC III (ovvero $\sum SubV = IN + SO + RA + VC + CO + MC = 42$) non è conservata dalla trasformazione (13), infatti la somma dei valori alla categorie risulta minore di 42:

$$\sum CatV = A + B + c + D + E + F = 122 / 3 = 40,67 < 42 \tag{14}$$

Da un punto di vista metodologico questa differenza segnala semplicemente che la scala assoluta delle categorie è diversa dalla scala assoluta dei subtest e questo anche se si presuppone di avere come punteggio massimo per ogni Categoria il valore 19 come per i subtest. Insomma il valore assegnato a 19 per la WISC III non 'e il valore assegnato a 19 nella scala delle categorie. Questo andirivieni di valori non è detto sia la scelta più chiara e conveniente, ma non risulta contraddittoria.

ii) Ci si potrebbe porre il seguente problema: volendo ritornare dalla scala delle categorie a quella dei subtest, quale trasformazione inversa alla (13) dovremmo scrivere? A questa domanda non esiste risposta univoca, ovvero è impossibile scrivere una trasformazione unica che passi dalla scala delle categorie a quella dei subtest. In *nota appendice B* si dimostra infatti che la trasformazione non è invertibile. Questa considerazione di ordine matematico non sembra però avere conseguenze contraddittorie sull'interpretazione dei risultati. Da un punto di vista metodologico la scala della categorie è "qualitativamente altro" rispetto alla scala dei subtest.

B. I nuovi Pesi ed il loro uso

In analogia a quanto fatto nella Sezione I B, a partire dal vettore $\overrightarrow{CatV}$ possiamo definire altri vettori, in particolare i pesi relativi alle categorie, senza molti commenti ma rifacendosi alle definizioni già date

$$\overrightarrow{Catrel} = \frac{\overrightarrow{CatV}}{P_{max}} = \begin{pmatrix} A/P_{max} \\ B/P_{max} \\ C/P_{max} \\ D/P_{max} \\ E/P_{max} \\ F/P_{max} \end{pmatrix} = \begin{pmatrix} 0.3158 \\ 0.3684 \\ 0.3158 \\ 0.4211 \\ 0.3509 \\ 0.3684 \end{pmatrix} \tag{15}$$

e qui vale la pena ricordare la nota importante ii) della sezione II A, cioè l'aver assunto per P_{max} alle Categorie lo stesso valore assunto per i Subtest: $P_{max} = 19$.

Questa scelta è non indispensabile e, in ogni caso, non comporta una scala assoluta identica come già discusso. Seguendo il testo, il valore numerico qui usato continua ad essere 19, (approfondimenti in Sezione II B 1).

$$\overrightarrow{CatVrel\%} = \begin{pmatrix} 31.58 \\ 36.84 \\ 31.58 \\ 42.11 \\ 35.09 \\ 36.84 \end{pmatrix} \qquad (16)$$

$$\overrightarrow{pesiCatV} = \frac{\overrightarrow{CatVrel}}{\sum CatVrel} = \frac{\overrightarrow{CatVrep\%}}{\sum CatVrel\%} =$$

$$= \begin{pmatrix} 0.148 \\ 0.172 \\ 0.148 \\ 0.197 \\ 0.164 \\ 0.172 \end{pmatrix} = \begin{pmatrix} pesi_A \\ pesi_B \\ pesi_C \\ pesi_D \\ pesi_E \\ pesi_F \end{pmatrix} \qquad (17)$$

Con la proprietà: $pesiCatV_{tot} = \sum pesiCatV = 1$ $\qquad (18)$

1. Osservazioni cruciali di metodo

A questo punto un'osservazione cruciale sul concetto di peso come formulata dalle equazioni (8), (17) sia per i pesi ai subtest che per i pesi alle categorie.

E' evidente che i pesi sono definiti in maniera da essere svincolati dal valore P_{max}. Infatti la loro definizione forse più propria è a partire dai vettori stessi fondamentali $\overrightarrow{SubV}$ $\overrightarrow{CatV}$

$$\overrightarrow{pesiSubV} = \frac{\overrightarrow{SubV}}{\sum SubV} = \begin{pmatrix} pesi_{IN} \\ pesi_{SO} \\ pesi_{RA} \\ pesi_{VC} \\ pesi_{CO} \\ pesi_{MC} \end{pmatrix} \qquad (19)$$

$$\overrightarrow{pesiCatV} = \frac{\overrightarrow{CatV}}{\sum CatV} = \begin{pmatrix} pesi_{A} \\ pesi_{B} \\ pesi_{C} \\ pesi_{D} \\ pesi_{E} \\ pesi_{F} \end{pmatrix} \qquad (20)$$

e si può facilmente verificare che producono gli stessi valori numerici, dimostrando in pratica il loro carattere indipendente da qualsivoglia scala.

Questo vuole anche dire che dal punto di vista quantitativo contengono poco, infatti per poter ottenere da questi valori numerici di quantità rilevanti suddivise per subtest o categorie (come si vedrà tra un attimo) si ha bisogno di valori GLOBALI assoluti come si è già visto per il Carico di Lavoro totale (vedi equazione (10)). D'altra parte i pesi contengono le informazioni cruciali per poter suddividere queste quantità GLOBALI nei canali dei subtest e delle categorie.

2. I vettori ed i pesi all'opera

La discussione operata fino a qui, giustifica e sostanzia i risultati numerici delle pagine 115, 116, 120, 121. (Si ricorda che queste note discutono i risultati per la scala verbale 2012, come esempio esplicativo). Lo sforzo è stato di metodo, inquadrando cioè i risultati in un contesto metodologico semplice e potente: vettori e pesi. Questa Sezione sarà dedicata alle applicazioni.

1. La figura CdLCat 2012 di pagina 123 (scala verbale).

Nella figura si cerca di suddividere i carichi di lavoro ai subtest contenuti nel vettore $\overrightarrow{CdLSubV}$ di equazione (6) nelle varie categorie. L'uso dei pesi suggerisce come i singoli contributi:

$$\overrightarrow{CdLSubV} = (CdL_{IN}, CdL_{SO}, CdL_{RA}\ CdL_{VC}\ CdL_{CO}\ CdL_{MC})$$

ai subtest si distribuiscono sulle Categorie. Moltiplicando, ad esemio, $\overrightarrow{pesiCatV}$ per il contributo CdL$_{IN}$ si potrà vedere come il Carico di Lavoro del subtest IN si distribuisce:

$$\overrightarrow{pesiCatV} \cdot CdL_{IN} = \begin{pmatrix} 0.148 \\ 0.172 \\ 0.148 \\ 0.197 \\ 0.164 \\ 0.172 \end{pmatrix} \cdot 31.58 = \begin{pmatrix} 4.66 \\ 5.44 \\ 4.66 \\ 6.21 \\ 5.18 \\ 5.44 \end{pmatrix} \quad (21)$$

$$\overrightarrow{pesiCatV} \cdot CdL_{SO} = \begin{pmatrix} 0.148 \\ 0.172 \\ 0.148 \\ 0.197 \\ 0.164 \\ 0.172 \end{pmatrix} \cdot 36.84 = \begin{pmatrix} 5.44 \\ 6.34 \\ 5.44 \\ 7.25 \\ 6.04 \\ 6.34 \end{pmatrix} \quad (22)$$

e così di seguito... per tutti gli altri. Evidentemente la procedura si applica anche alla scala di performance ed all'anno 2014 ottenendo tutti i risultati di pagine 124 e 125.

2. Potenza Mentale ai Subtest

Dividendo i carichi di lavoro ai subtest contenuti nel vettore $\overrightarrow{CdLSubV}$ di equazione (6) per i tempi relativi ad ogni subtest, si ottengono le potenze mentali per subtest. Nel caso della scala verbale del 2012

$$t_{IN} = 30 \text{ sec}, \ t_{SO} = 55 \text{ sec}, \ t_{RA} = 50 \text{ sec},$$
$$t_{VC} = 198 \text{ sec}, \ t_{CO} = 238 \text{ sec}, \ t_{MC} = 30 \text{ sec}.$$

In conclusione si ottiene:

$$\overrightarrow{PotSubV} = = \begin{pmatrix} Pot_{IN} \\ Pot_{SO} \\ Pot_{RA} \\ Pot_{VC} \\ Pot_{CO} \\ Pot_{MC} \end{pmatrix} - \begin{pmatrix} CdL_{IN}/t_{IN} \\ CdL_{SO}/t_{SO} \\ CdL_{RA}/t_{RA} \\ CdL_{VC}/t_{VC} \\ CdL_{CO}/t_{CO} \\ CdL_{MC}/t_{MC} \end{pmatrix} = \begin{pmatrix} 1.05 \\ 0.67 \\ 0.53 \\ 0.21 \\ 0.22 \\ 1.05 \end{pmatrix} \quad (23)$$

da confrontarsi con la figura e la tabella di pagina 126 per la scala verbale 2012.

3. Potenza Mentale alle Categorie

Un'analisi simile alle equazioni (21) e (22) sui Carichi di Lavoro, può essere effettuata per la potenze mentali suddividendole nelle categorie:

$$\overrightarrow{pesiCatV} \cdot Pot_{IN} = \begin{pmatrix} 0.148 \\ 0.172 \\ 0.148 \\ 0.197 \\ 0.164 \\ 0.172 \end{pmatrix} \cdot 1.05 = \begin{pmatrix} 0.16 \\ 0.18 \\ 0.16 \\ 0.21 \\ 0.17 \\ 0.18 \end{pmatrix}, \quad (24)$$

$$\overrightarrow{pesiCatV} \cdot Pot_{SO} = \begin{pmatrix} 0.148 \\ 0.172 \\ 0.148 \\ 0.197 \\ 0.164 \\ 0.172 \end{pmatrix} \cdot 0.67 = \begin{pmatrix} 0.10 \\ 0.12 \\ 0.10 \\ 0.13 \\ 0.11 \\ 0.12 \end{pmatrix}. \quad (25)$$

e così di seguito per tutti gli altri. Evidentemente la procedura si applica anche alla Scala di Performance ed all'anno 2014 ottenendo tutti i risultati relativi alle Potenze ed alle loro combinazioni.

Nota appendice B: Categorie e trasformazioni con Matrici

Il vettore $\overrightarrow{CatV}$ è ottenuto da $\overrightarrow{SubV}$ per mezzo dell'applicazione della matrice (6x6) $SubCatV$[4] che rispetta la relazione (13), ovvero

$$\begin{pmatrix} A \\ B \\ C \\ D \\ E \\ F \end{pmatrix} = \begin{bmatrix} 0 & 0 & 0 & 0 & 0 & 1 \\ 1/2 & 0 & 0 & 1/2 & 0 & 0 \\ 1/2 & 0 & 0 & 0 & 0 & 1/2 \\ 1/2 & 0 & 0 & 0 & 1/2 & 0 \\ 0 & 1/3 & 1/3 & 1/3 & 0 & 0 \\ 1/6 & 1/6 & 1/6 & 1/6 & 1/6 & 1/6 \end{bmatrix} \begin{pmatrix} IN \\ SO \\ RA \\ VC \\ CO \\ MC \end{pmatrix}.$$

ovvero

$$\overrightarrow{CatV} = \widehat{SubCatV} \cdot \overrightarrow{SubV}. \quad (A1)$$

---

[4] 1 Il cappello sopra al nome della matrice di trasformazione sta ad indicare che la" tavola" contiene questa volta $6 \times 6 = 36$ numeri ed è perciò "bidimensionale" al contrario dei vettori che sono "monodimensionali"

La matrice ha determinante nullo (come si verifica facilmente) e quindi la trasformazione non è invertibile, ovvero non è possibile esprimere in maniera univoca il vettore *SubV* come combinazione lineare degli elementi di *CatV*.

197

Bibliografia

A.V., *Scienze*, in Le Garzantine, Garzanti, Milano, 2005.

AjuriaGuerra j., Marcelli D., *Psicologia del bambino*, Paris, 1982.

Albanese P., *I disturbi neuropsicologici*, Magi, Roma, 2000.

Alborghetti E., Brembati F., Donini R., Trattamento della dislessia evolutiva, in Dislessia, vol. 5, Erickson, Trento, 2008.

Ausubel D., *Educazione e processi cognitivi*, New York, 1968, Franco Angeli, Milano 1978.

Bakker D.J., "Neuropsychological classification and treatment of dislexia, *in Journal of LearningDiabilities"*, vol. 25,1992, pp. 102-109.

Bannatyne A., *Diagnosis; a Note on Recategorization of the WISC Scaled Score*, in *Journal of Learning Disabilties*, 7, 1974, pp. 272-274.

Bernardini C., *Prima lezione di fisica*, Laterza, Bari, 2010.

Blandino G., *La disponibilità ad apprendere*, Cortina, Milano, 1995.

Biancardi A., Milano G., *Quando un bambino non sa leggere; vincere la dislessia e i disturbi dell'apprendimento*, Rizzoli, Milano, 1999.

Bisiacchi P., Cendron M., Gugliotta M., Tressoldi P., Vio C., *Batteria di valutazione neuropsicologica per l'età evolutiva*, anni 5-11, *Batteria di valutazione neuropsicologica per l'adolescenza*, anni 12-18, Edizioni Erickson, Trento, 2005.

Benso F., Berriolo S., Marinelli M., Guida P., Conti G., Francescangeli E., "Stimolazione integrata dei sistemi specifici per la lettura delle risorse attentive dedicate e del sistema attentivo supervisore", in *Dislessia*, vol. 5, 2008.

Benso F., Pregliasco R., Marinelli M., "Implicazione dell'attenzione spaziale, del controllo del fuoco attentivo e delle abilità oculomotorie nella lettura delle non parole", in *Dislessia*, vol. 6, 2009.

Benso F., Clavarezza V., Caria A., Chiorri C., "Validazione di un modello multicomponenziale della lettura", in *Dislessia*, vol. 10, 2013.

Boncinelli E., *Il cervello la mente l'anima*, Mondadori, 2005.

Boncinelli E., *Come nascono le idee*, RCS divisione quotidiani, 2013.

Butterworth B., *Intelligenza matematica*, Rizzoli, 1999.

Calabrese L., *L'apprendimento motorio tra i cinque e i dieci anni*, Armando, Roma 1974.

Campanini S., Bottaferrano R., Iozzino R., "Evoluzione naturale della lettura del brano, delle liste di parole e non parole e della comprensione del testo in dislessici mai trattati", in *Dislessia,* vol. 2, Erickson, Trento, 2010.

Cohen R., L'apprendimento precoce della lettura, Armando, Roma, 1979.

Cooper S., *The Clinical use and Interpretation of the WISCR-III*, in Thomas, Springfield.

Cornoldi C., Miato L., Molin A., Poli S., *Progetto MT. La prevenzione e il trattamento delle difficoltà di lettura*, vol. 1, OS Firenze, 1984.

Cornoldi C., Colpo G., *Prove di lettura e di comprensione del testo per la scuola elementare e scuola media inferiore*, OS Firenze, 1995.

Cornoldi C., Gruppo PRCR-2, *Prove di prerequisito per la diagnosi delle difficoltà di lettura e scrittura*, OS Firenze, 1999.

Cornoldi C., a cura di (2007), *Difficoltà e disturbi dell'apprendimento*, il Mulino, Bologna.

Cornoldi C., *L'intelligenza*, il Mulino, Bologna, 2007.

Coscarella C., Morganti A., Soldi P., Bianchi I., Gagliano L., Prenzato A., Voliani E., "Disturbo specifico di comprensione testuale e dislessia nella scuola secondaria di primo grado", in *Dislessia*, vol. 7, Erickson, Trento, 2010.

Crispiani P., *Pedagogia clinica*, Junior, Bergamo, 2001.

Crispiani P., Dislessia come disprassia sequenziale, Junior, Bergamo, 2011.

Crispiani P., Giaconi C., *Manuale di diagnostica pedagogica*, Junior, Bergamo, 2008.

Crispiani P., Bitti N., Esposito L., Fiorillo A., Mignanelli F., *Dislessia - Disgrafia*, in La Motricità (Azione 2), Junior, Bergamo, 2011.

Crispiani P., Antonini D., Catasta C., *Dislessia - Disgrafia - Discalculia*, in Il Calcolo (Azione 10 - II livello), Cortina, Milano, 2015.

Dehaene S., *I neuroni della lettura*, Cortina, Milano, 2009.

Dehaene S., Il pallino della matematica, Cortina, Milano, 2009.

De Beni R., Pazzaglia F., *La comprensione del testo*, Utet, Torino, 1995.

De Beni R., Cisotto L., Carretti B., *Psicologia della lettura e scrittura*, Edizioni Erickson, Trento, 2001.

Deva F., *I processi di apprendimento della lettura e della scrittura*, La Nuova Italia, Firenze, 1982.

Edelman G.M., *Il presente ricordato. Una teoria biologica della coscienza*, Rizzoli, Milano, 1991.

Edelman G.M., *Scienza del cervello e conoscenza umana*, Cortina, Milano, 2007.

Edelman G.M., Tononi G., *Un universo di scienza*, Einaudi, Torino, 2000.

Ermentini A., Mazza M., Spiazzi R., *Ricerca comparativa tra la scala Wechsler-Bellevue ed il Test Progressive Matrices, 1938 di Raven*, in *Revista De Psicologia Generale y Aplicada*, 7, 54-65, 1961.

Felten D., Shetty A., *Netter's Atlas of Neuroscince*, Saunders, Philadelphia, 2010 (ediz. it., *Atlante di neuroscinze*, Masson, Milano, 2010)

Frith U., *Beneath the Surface of Developmental Dyslexia*, in Gough P.B., Ehri L.C., Treiman R., Reading Acquisition, 1985.

Giovagnoli S., "Le abilità visive nella lettura e nella dislessia: una revisione critica", in *Dislessia*, vol. 6, Erickson, Trento, 2009.

Gult F., Bertelli B., Padovani R., Mari R., Pelosi A., Bilancia G., "Deficit della memoria di lavoro in bambini dislessici", in *Dislessia*, vol. 7, Erickson, Trento, 2010.

Kaufman A.S., *Intelligent Testing with the WISC-III*, Wiley, New York, 1994.

Le Boulch J., *Lo sviluppo psicomotorio dalla nascita ai sei anni*, Armando, Roma, 1984.

Lecce M., "Binocularità e velocità di lettura", in *Dislessia*, vol. 6, Erickson, Trento, 2009.

Lucangeli D., *Disturbi del calcolo*, in Cornoldi C., a cura di, *Difficoltà e disturbi dell'apprendimento*, il Mulino, Bologna, 2007.

Lumer L., Zeki S., La bella e la bestia: arte e neuroscienze, RCS, Milano, 1999.

Lurija A.R., *Origine e organizzazione cerebrale dell'azione cosciente nell'uomo*, in Sapir S.G., Nitzaug A.N., a cura di, *Trattato di patologia dell'apprendimento*, Armando, Roma, 1976.

Maffioletti S., "Le abilità visive e la lettura", in *Dislessia*, vol. 6, Erickson, Trento, 2009.

Maffioletti S., Pregliasco R., Ruggeri L., *Il bambino e le abilità di lettura: il ruolo della visione*, FrancoAngeli, Milano, 2014.

Marotta L., Trasciani M., Vicari S., *Valutazione delle competenze metafonologiche, 5-11 anni*, Erickson, Trento, 2008.

Njiokiktjen C., Chiarenza G., *Le disprassie dello sviluppo e i disturbi motori associati*, Suyi Pubblications, Amsterdam, 2008.

Oliverio A., *Prima lezione di neuroscienze*, Laterza, Bari, 2004.

Padovani F., *La WISC-III nella consultazione clinica*, OS Giunti, Firenze, 2008.

Parmini M., Micheletti S., "Correlati visivi in profili DSA. Individuazione di un protocollo di valutazione multidisciplinare", in *Dislessia*, vol. 6, Erickson, Trento, 2009.

Piaget J., *Epistemologia genetica*, Laterza, Bari, 1973.

Piaget J., Inhelder B., *L'immagine mentale nel bambino*, la Nuova Italia, 1974.

Piaget J., Szeminska A., *La genesi del numero nel bambino*, la Nuova Italia, 1987.

Plante T.G., Sykora C., *Are Stress and Coping Associated with WISCR-III Pewrformance among Children?*, in *Journal of Clinical Psychology*, vol 50, 1994, pp. 759-762.

Polsoni L., "la ricerca italiana sulle basi neurobiologiche e funzioni della dislessia evolutiva", in *Dislessia*, vol.11, Erickson, Trento, 2014.

Popper K., *La logica della scoperta scientifica*, Einaudi, Torino, 1970.

Riccardi Ripamonti I., Cividati B., Russo V., Truzoli R., *Valutazione dell'efficacia del trattamento fonologico lessicale per le difficoltà di letto-scrittura: Fallow-Up a 6-18-30 mesi*, in Dislessia, vol. 5, n. 2, Erickson, Trento, 2008.

Ruggeri L., Ravasi A., Facchini A., Maffioletti, S., "Le tre aree della visione e la loro implicazione nella lettura", in *Dislessia*, vol. 6, Erickson, Trento, 2009.

Sabbadini G., a cura di (1995), *Manuale di neuropsicologia dell'età evolutiva*, Zanichelli, Bologna.

Sartori G., *La lettura processi normali e dislessia*, il Mulino, Bologna, 1984.

Stella G., *Sviluppo cognitivo*, Mondadori, Milano, 2000.

Stella G., *La dislessia*, il Mulino, Bologna, 2004.

Stella G., Biancardi A., Amaranti G., *La dislessia evolutiva e la sua espressività nell'arco della scolarità obbligatoria,* in Stella, a cura di, *La dislessia aspetti clinici, psicologici e riabilitativi*, FrancoAngeli, Milano, 1996.

Stella G. Cerruti Biondino E., *La dislessia evolutiva lungo l'arco della scolarità obbligatoria*, in Vicari S., Castelli M.C., a cura di, *I disturbi dello sviluppo*, il Mulino, Bologna, 2002.

Tressoldi P.E., Vio C., *Il trattamento dei disturbi di apprendimento scolastico*, Erickson, Trento, 1998.

Tressoldi P.E., Stella G., Flagella M., *Development of reading speed in italian with dyslexia*, in Journal of learning disabilities, vol. 34, n. 5.

Trenta M., Di Filippo G., Zoccolotti P., "La relazione tra la dislessia, disortografia e discalculia, in *Dislessia*, vol. 6, Erickson, Trento, 2009.

Tuppini T., *Kant*, a cura di RCS 2014.

Wallon H., *L'evoluzione psicologica del bambino*, Boringhieri, Torino, 1980.

Zazzo R., a cura di (1975), *Manuale per l'esame del bambino*, Editori Riuniti, Roma

Bibliografia test
Strumenti utilizzati

Bislacchi P.S., Cendron M., Gugliotta M., Tressodi P.E., Vio C., *Batteria di valutazione neuropsicologica per l'età evolutiva*, 5-11 anni e 12-18 anni (BVN), Erickson, Trento, 2005.

Cornoldi C., Colpo G., Gruppo MT, *Prove MT di lettura per la scuola elementare e scuola media inferiore*, OS Giunti, Firenze, 1995.

Cornoldi C., Colpo G., Gruppo MT, *Prove MT di comprensione del testo* per la scuola elementare e scuola media inferiore, OS Giunti, Firenze, 1995.

Cornoldi C., Miato L., Molin A., Poli S., *Prove di prerequisito per la diagnosi delle difficoltà di lettura e scrittura (PRCR-2)*, OS Giunti, Firenze 2009.

Cornoldi C., Lucangeli D., Bellina M., *Test di valutazione delle abilità di calcolo, 6-11 anni (AC-MT)*, Erickson, Trento, 2004

Cornoldi C., Cazzola C., *Test di valutazione delle abilità di calcolo*, 11-14 anni, Erickson, Trento, 2008.

Legge 170/2010, *Nuove norme in materia di disturbi specifici di apprendimento in ambito scolastico*, Gazzetta Ufficiale N. 244, Roma, 2010

Marotta L., Trasciani M., Vicari S., *Valutazione delle competenze metafonologiche*, (CMF) 5-11 anni, Erickson, Trento, 2008.

Raven J.C., *Coloured Progressive Matrices* (CPM), (trad. it., OS Giunti, Firenze).

Raven J.C., *Standard Progressive Matrices* (SPM),(trad. it., OS Giunti, Firenze)

Sartori G., Job R., Tressoldi P.E., *Batteria per la valutazione della dislessia e disortografia evolutiva (DDE-2)*, OS Giunti, Firenze, 2010.

Tressoldi P.E., Cornoldi C., Batteria per la valutazione della scrittura e della competenza ortografica nella scuola dell'obbligo, OS Giunti, Firenze, 1991.

Wechsler D., *Wechsler Intelligence Scale for Children - Revised (WISC-R)*, (trad. it., OS Giunti, Firenze, 1986).

Wechsler D., Wechsler Intelligence Scale for Children (WISC-III), (trad. it., OS Giunti, Firenze).

Finito di stampare nel mese di Marzo 2018
per conto di Youcanprint *Self-Publishing*